Matthias Rotter • Backcountry Guide – Touren für Snowboarder

Autor und Herausgeber: Matthias Rotter
Vertrieb über: www.snowboard-backcountry.de
Mediaverlag Matthias Rotter, Bergstraße 2, 83626 Valley

Photos: Franz Faltermaier (www.photo-ff.de)
Ausgenommen: Michael Laukötter (S. 4,50), Matthias Rotter (38,58,91,98o,99,100,108,110 o,111,112,119o,120o,122o,125), Susanne Rotter (110u,119u,121), Mark Gallup (32)
Layout: Tom Nakat (Projektagentur Haak & Nakat, www.haak-nakat.de)
Kartengrundlage (Seite 130 bis 138): Topographische Karte 1:25.000 Blatt-Nr. 8237, 8337/8437, 8434; Wiedergabe mit Genehmigung des Bayerischen Landesvermessungsamtes München, Nr. 2705/00.
Kartengrundlage (Seite 140 bis 188): ©BEV-2000, vervielfältigt mit Genehmigung des BEV – Bundesamtes für Eich- und Vermessungswesen in Wien, ZI. 38054/00
Literaturnachweis (S. 45 bis 57, incl. Grafik S. 54 links u.): 3 x 3 Lawinen – Entscheiden in kritischen Situationen, von Werner Munter, Agentur Pohl und Schellhammer.
Grafik S. 54 rechts u. mit freundlicher Genehmigung des BLV Verlags (Alpin-Lehrplan Band 4)
Für die freundliche Unterstützung bedanken wir uns insbesondere bei folgenden Firmen: Jester, Duotone, Scott, Elan, K2, Pogo (Snowboards), Vaude (Bekleidung und Zubehör), Protective (Bekleidung)

Herzlichen Dank an alle, die mich bei der Fertigstellung dieses Buches unterstützt haben: Susanne, Franz Faltermaier, Christian Penning, Michael Laukötter und Petra Schenk, Markus von Glasenapp, Alex Leibinger, Benito Jonas Baldauf, Thomas Streubel

Die Ausarbeitung der in diesem Buch beschriebenen Touren erfolgte nach bestem Wissen und Gewissen des Autors. Die Begehung bzw. Befahrung der Touren geschieht auf eigene Gefahr. Eine Haftung für etwaige Unfälle wird nicht übernommen. Trotz detaillierter Darstellung übernimmt die Verantwortung für Routenwahl und Einschätzung alpiner Gefahren jeder Tourengeher selbst.

1. Auflage, Jahr 2000
Printed in Germany – ISBN 3-00-006655-1

Titel: „Big Day" am Joel (Tour 13)
Umschlag hinten: Aufstieg zum Mareitkopf (Tour 12)

Matthias Rotter

Backcountry Guide
Touren für Snowboarder

Back to the roots

Snowboarden im freien Gelände ist im Grunde die natürlichste Sache der Welt. Du nimmst dein Brett, steigst auf einen Berg, und fährst wieder ins Tal. So wie es früher einmal war, bevor die Gipfel mit Liften verkabelt wurden. Aber es ist viel mehr als das: Es ist endloses, weiches Gleiten über Wellen aus Schnee, über Millionen von glitzernden Kristallen. Es ist die Sucht nach diesem tiefen, weichen Powder, die gestillt werden will. Es ist aber auch die Auseinandersetzung mit den Gefahren, das Respektieren der Natur. By fair means – den Berg aus eigener Kraft besteigen. Nicht bezwingen, sondern von ihm lernen. Man muss nur auf ihn hören. Den Wert jedes Schwungs bei der Abfahrt neu schätzen und intensiv genießen. Kein Richtungsdiktat einer künstlichen Pistenrennbahn befolgen. Das ist es, was den Reiz ausmacht.

Snowboarden abseits gesicherter Pisten ist aber auch ein permanentes Lernen. Lernen, das Wetter und die Wolken zu deuten, eine aufziehende Gefahr realisieren. Lernen, die sicherste Route zu erkennen, Entscheidungen treffen. Lernen, auch mal zu verzichten, um weder sich noch andere zu gefährden. Denn Lawinen lauern mehr oder weniger überall!

Hundertprozentige Sicherheit gibt es nicht. Deshalb solltet ihr ein paar Minuten nachdenken, bevor ihr euch in einen Hang stürzt. Laut Experten wären nämlich 90 Prozent aller Lawinenunglücke unter Beachtung der elementarsten Grundregeln vermeidbar gewesen! Und diese Regeln sind nicht so schwer zu begreifen.

Dann macht es Spaß, die Herausforderung anzunehmen, zur richtigen Zeit am richtigen Ort zu sein. Sich nach oben kämpfen, um den ultimativen Ride zu erleben. Die Richtung mit spielerisch leichtem Druck auf die Boardkante selbst bestimmen. Den Radius je nach Gelände variieren, sich dem Berg anpassen. Bei schnellen Turns den Spray meterhoch hinaus pressen in die klare Luft. Das ist Freeriden.

See you out there…

Auf der Suche nach der Seele
des Snowboardens. Mit dem
Splitboard unterwegs am
Pfuitjöchle (Tour 7).

Die richtige Ausrüstung

Die Wahl des Equipments steht
an, bevor man seine Lines in
den jungfräulichen Powder zieht.
Aufstiegshilfen, Board, Bekleidung – alles, womit Snowboarder
am besten ins Tiefschneerevier
kommen. Außerdem: Das Wichtigste zur Lawinen-Ausrüstung.

Aufstiegshilfen

Tourengeher mit Skiern brauchen sich diese Frage gar nicht erst zu stellen. Sie gehen und fahren ökonomisch mit dem selben Sportgerät. Fast könnte man angesichts dieser optimalen Konstellation neidisch werden, aber mit dem richtigen Equipment und ein wenig Übung bewegen sich auch Snowboarder sicher und effektiv im Gelände. Für welche der folgenden Aufstiegshilfen ihr euch auch entscheidet, sie führen alle zum Ziel: Eure Linie in einen möglichst unverspurten Hang zu zeichnen. Am Ende entscheiden bevorzugter Einsatzbereich und persönliche Vorlieben, mit welchem Material ihr den Weg ins Backcountry antretet.

Gehen auf Schnee

Weicher oder frisch gefallener Schnee eignet sich denkbar schlecht, um mit bloßen Schuhen voran zu kommen. Durch die punktuelle Belastung sinkt man recht unregelmäßig und tief ein. Das Gehen gerät regelrecht zu einem Balanceakt. Und das kostet sehr viel

Kraft. Bei Neuschnee ist allenfalls ein kurzer Anstieg auf diese Weise zumutbar. Auf harter Schneeoberfläche, oder wenn bereits Tritte vorhanden sind, läuft es sich zwar manchmal besser, trotzdem ist diese Art der Fortbewegung eher spaßfrei.

Warum also nicht die Auflagefläche des Fußes künstlich vergrößern? Aus dieser Not heraus erfanden Menschen, die ihr Leben im ewigen Schnee verbringen mussten, bereits in grauer Vorzeit den Schneeschuh. Sein Grundprinzip hat sich bis heute nicht wesentlich verändert: ein Rahmen, bespannt mit Stoff oder einem dichten Geflecht.

Für die meisten Snowboarder sind auf dem Weg nach oben bislang Schneeschuhe die erste Wahl. Das Board wird dabei als Zusatzgepäck hinten auf den Rucksack geschnallt. Schneeschuhe prägen mit dem steil aufragenden Board auf dem Rücken bis heute das typische Bild des Snowboarders im Backcountry. Ebenso verraten ihn die yeti-artigen Spuren im Schnee sofort. Für Snowboarder eignen sich vor allem zwei Typen von Schneeschuhen: Die sogenannten Western oder Modelle aus Kunststoff. Sie findet man auch zunehmend in Snowboardshops.

Schneeschuhe für Boarder

Der Western Er besteht in der Regel aus einem vorne aufgebogenen Aluminiumrohr-Rahmen, flächig bespannt mit Stoff oder Kunststoff. Die Bindung ist vorne an einem quer im Rahmen aufgehängten Band befestigt und besteht gewöhnlich aus mehreren Laschen und Riemen, die um den Schuh fixiert werden. Dadurch ist die Verbindung recht flexibel, ein Vor- und Nachteil zugleich: In Querungen zwingen Schneeschuhe den Fuß unweigerlich, mit abzukippen. Das schmerzt auf Dauer.

Durch das etwas nachgiebige Band beim Western hat das Sprunggelenk aber die Chance, horizontaler zu bleiben. Andererseits bekommt man durch die losere Verbindung in steilem Gelände schneller ein unsicheres Gefühl. Knifflige Querungen auf hartem Schnee sollte man daher mit dem Körper zum Hang etwas

schräg im Seitwärtsgang absolvieren. Unterstützt wird man dabei von Stahlzähnen an der Unterseite, den sogenannten Harscheisen. Sie sorgen für besseren Halt.

Kunststoff-Schneeschuhe Die Basis ist ein einteiliges Gitter aus Kunststoff. Die Bindung sitzt in der Regel auf einer Grundplatte, die vorne an einem stabilen Querträger drehend gelagert ist. Ein sehr variables System. Von einfachen Riemen bis hin zu Plattenbindungen mit Verschlusshebel für Hardboots ist hier alles möglich.

Es gibt neuerdings sogar Modelle, die das selbe Soft-Step-in-System bieten wie auf dem Snowboard. Langwieriges Gefummel beim Anschnallen gehört damit sicher der Vergangenheit an. Durch das stabile, hochkantige Kunststoffgitter und die vergleichsweise fest geführte Bindung ist das gesamte System verwindungssteifer als der Western.

Dies macht jedoch Querungen auf harter Schneeoberfläche wegen der Kippstellung der Sprunggelenke auf Dauer schmerzhaft. Ansonsten vermitteln Spikes und Krallen an der

Mit geringem Packmaß und Gewicht eignen sich Schneeschuhe gut für Ausflüge ins Gelände. Links: Western. Rechts: preiswertes Kunststoff-Modell.

Ausklappbare Steighilfen unter der Ferse erleichtern den Anstieg.

Unterseite auch auf Eis ein recht sicheres Gefühl. Sogar wenn's mal steiler wird. In der Formgebung der Kunststoffmodelle sind die Hersteller variabel. Beispielsweise sind Taillierungen möglich, die es erlauben, die Füße beim Gehen ökonomisch voreinander zu setzen.

Ein nicht zu vernachlässigender Vorteil sind die teilweise vorhandenen Steighilfen. Ein ausklappbarer Metallbügel erhöht die Ferse und ermöglicht dadurch einen direkteren Aufstieg, ohne die Achillessehnen zu stark zu dehnen.

Bei der Größe des Schneeschuhs

Kauftipps

❋ Eine ausklappbare Steighilfe ist in steilem Gelände ein Vorteil
❋ Steigeisenartige Stollen und Spikes krallen sich sicher in harte oder eisige Schneeoberflächen
❋ Snowboardschuhe zur Anprobe in den Shop mitnehmen
❋ Das An- und Abschnallen sollte möglichst einfach und auch mit dünnen Handschuhen durchführbar sein. Auf einem eiskalten, windigen Grat zählt jede Sekunde

gilt es, einen optimalen Kompromiss zwischen Auftrieb und Wendigkeit zu finden. Klar, je größer die Fläche ist, desto weniger sinkt man ein. Mehr Standfläche erreicht man beim Schneeschuh hauptsächlich über die Länge. Tipp: Mit einem langen Schritt solltet ihr mit dem einen Schneeschuh vor den anderen treten können.

Nicht zu lang wählen, denn in einer einspurigen Traverse müsst ihr das auch mal länger durchhalten können. Zudem lädt man sich bei einem großen Schneeschuh schnell das eine oder andere Kilo Schnee als Ballast auf. In puncto Gewicht unterscheiden sich die beiden Gattungen nicht generell. Die Modelle der verschiedenen Hersteller bringen zwischen 1200 und 2000 Gramm pro Paar auf die Waage. Die Preise liegen zwischen 200 und 600 Mark.

Fazit: Das Gehen mit Schneeschuhen ist anfangs gewöhnungsbedürftig und ähnelt etwas einem Entengang. Zielsicher muss man einen Fuß vor den anderen setzen, um nicht am zweiten Rahmen anzustoßen. Zur Vermeidung von Querungen wird man am Hang wahrscheinlich eine steilere Linie wählen. Die optimalen Schneeschuh-Bedingungen: Nicht zuviel Pulverschnee (bis 20 cm) oder eine härtere Schneeoberfläche. Bei dünnem, nicht tragendem Bruchharsch oder allgemein tiefem Schnee (auch Sulz!) kann ein Aufstieg mit Schneeschuhen aber schon mal zur Qual werden. Sie sind auf jeden Fall eine gute Wahl für kürzere Ausflüge ins Backcountry oder wenn man das Touren- und Variantengehen erst einmal ausprobieren möchte.

Kurzski
– Meister im Aufstieg

Was liegt näher, als mit einem Ski aufzusteigen? Zugegeben, Ski sind als Aufstiegshilfe optimal. Gemeint sind natürlich keine 1,80-Meter-Latten, sondern Kurzski, die zum Transport teilweise zerlegbar sind. Erfahrungen zeigen allerdings, dass die Gesamtlänge nicht weit unter 1,20 Meter liegen sollte. Sonst sinkt man bei viel Neuschnee zu tief ein, und das Gehen wird recht beschwerlich. Eine Sicherheitsbindung ist nicht erforderlich, denn mit dem Kurzski fährt man normalerweise nicht ab. Zum Gehen genügt ein einfacher Klappmechanismus, auf dessen Basisplatte man seine gewünschte Bindung montiert. Damit man beim Aufstieg nicht zurückrutscht kleben Felle auf dem Belag.

Fazit: Zum Aufsteigen sind Kurzski nahezu perfekt. Hinzu kommt eine hohe Betriebssicherheit. Das ist gerade in kritischen Situationen ein nicht zu unterschätzender Bonus. Bei einem irreparablen Defekt des Snowboards ist selbst Abfahren zur Not

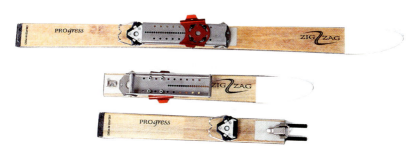

Pogo ZigZag. Länge 1,30 Meter, teilbar (Verstiftung mit Carbonstäben), ausklappbare Steighilfe, alle Bindungen möglich, Gewicht 3,2 Kilo/Paar ohne Felle und Bindung. (Info: Pogo Snowboards, Tel. 07130/1814, www.zigzagtour.de oder www.pogo-snowboards.de)

K2 Approach. Länge 1,08 Meter, einteilig, nur für Schuhe mit Clicker Step-in-System geeignet, Gewicht 2,6 Kilo/Paar incl. Felle und Bindung. (Infos: K2 Snowboards, Tel. 08856/901-0, www.k2snowboards.com)

Gezackte Harscheisen geben sicheren Halt auf eisigen Oberflächen.

möglich. Der Kurzski ist ein Begleiter, der euch garantiert nicht im Stich lässt. Man erkauft sich die Vorteile aber mit einem recht hohen Gewicht und sperrigem Packmaß. Zwei Modelle sind derzeit auf dem deutschen Markt erhältlich: Der zerlegbare Pogo ZigZag und der einteilige Approach von K2. Er ist allerdings Fahrern des Clicker Step-in-Bindungssystems vorbehalten.

Teilbare Snowboards – Zwitter im Gelände

Extra Aufstiegshilfen sind gut. Warum aber nicht gleich Aufstiegs- und Abfahrtsgerät in einem? Das Grundprinzip ist simpel: Ein herkömmliches Snowboard wird geteilt – fertig sind die zwei Aufstiegsski.

Die Grundplatten für die Bindungen sitzen gleich Schlitten auf Kunststoffsockeln. Sie verbinden die Teile und geben dem Board beim Fahren die nötige Torsionssteifigkeit, unterstützt von weiteren Verschlüssen an den Enden des Boards. Zum Aufsteigen zieht man die Bindungsplatten

ab, und verwandelt sie je nach Board-Modell in Gehvorrichtungen. Aufstiegsfelle unters Brett, und los geht's. Alle Fliegen mit einer Klappe geschlagen? Keine Kompromisse? Fast.

Mit den meist über 1,60 Metern langen Aufstiegsskiern spurt man sich tatsächlich bei nahezu allen Bedingungen problemlos jeden Berg hoch. Kein zusätzliches Gewicht drückt auf den Rücken, der Rucksack ist gerade so schwer wie unbedingt nötig. Für den nächsten Schritt werden die Beine einfach nach vorne geschoben. Kein kräftezehrendes Stapfen.

Auf Flachpassagen lassen sich durch kurzes Gleiten schneller Meter machen. Vorhandene Skispuren nutzen? Zumindest beim zweiteiligen Board der erste Kompromiss: Skispuren haben logischerweise Skibreite. Und Ski sind im Vergleich zu den Boardhälften eher schmal. Bei lockerem Schnee drückt man sich die Spur leicht zurecht. Bei harten, vereisten Spuren hingegen sieht es eher schlecht aus. Im Extremfall hat man keine Chance. Das Fell bekommt oft keinen Kontakt zum Grund der Spur und man kämpft verkrampft mit dem Gleichgewicht und gegen das Zurückrutschen. Das kostet nicht nur Kraft, sondern in steilem Gelände auch regelrecht Nerven. Eine eigene Spur zu legen ist in diesem Fall oft die beste Lösung.

Auch das Traversieren von Hängen hat mit dem zweiteiligen Board manchmal seine Tücken. Besonders wenn man bei Hartschneebedingungen mit Softboots unterwegs ist. Durch die im Vergleich zum Ski breiteren Boardhälften kippt der Fuß leichter seitlich ab. Lange nicht so ausgeprägt wie bei Schneeschuhen aber ausreichend, um eine Querung im 40 Grad steilen Gelände zur Zitterpartie werden zu lassen. Harscheisen gehören deshalb bei kritischen Verhältnissen zur Pflichtausstattung.

Anders beim dreiteiligen Snowboard. Das mittlere Segment des Boards findet beim Aufstieg auf dem Rucksack seinen Platz, die beiden Außendrittel sind zum Gehen nicht breiter als herkömmliche Ski. Für den Aufstieg bietet dieses Board sicher das derzeitige Optimum.

Jester Walk & Ride. Dreiteilig, Längen 1,55/1,60/1,65/1,70 Meter und 2-Meter-Swallowtail, Gewicht ca. 4,6 Kilo, Bindungssystem f. 4 x 4 Inserts, Steighilfe, incl. Felle und Harscheisen. (Info: Boards Unlimited, Tel. 08131/83040, www.jesterboards.com)

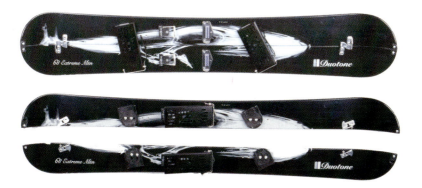

Duotone Mountain. Zweiteilig, Längen 1,63/1,68 Meter, Gewicht ca. 4,4 Kilo, Voilé Bindungssystem für 4 x 4 Inserts, variabler Bindungsabstand und Winkel, Steighilfe, incl. Felle, Harscheisen optional erhältlich. (Info: F 2/Mistral, Tel. 089/6130090, www.duotonesnowboards.com)

Die Steifigkeit von teilbaren Snowboards wird oft unterschätzt. Dabei machen sie selbst beim Carven keine schlechte Figur.

Und wie sieht's mit dem Spaß bei der Abfahrt aus? Erfahrungsgemäß wirkt sich der meist kritisierte Nachteil mangelnder Stabilität nur bei harten, pistenähnlichen Verhältnissen negativ auf das Vergnügen aus. In puncto Torsionssteifigkeit hat das zweiteilige Board die Nase leicht vorn. Selbst das Gewicht der geteilten Bretter rückt dank Verwendung von Carbon und leichten Hölzern immer mehr in Richtung eines normalen Freeride-Boards.

Kauftipps

- ❋ Harscheisen gleich mitkaufen (Duotone)
- ❋ Board nicht zu kurz wählen (mehr Auftrieb im Pulverschnee, zusätzliches Rucksackgewicht muss einkalkuliert werden)
- ❋ Schuhe und Bindung zum Kauf in den Shop mitnehmen

Fazit: Bei Pulverschnee sind die Splitboards voll in ihrem Element. Sicher, man muss auch hier Kompromisse eingehen, aber die Vorteile überwiegen deutlich. Wer häufig sein Glück auch auf langen Touren im Backcountry sucht, kommt an einem Splitboard nicht vorbei. Unbedingt einmal antesten!

Zwei Fabrikate waren im Herbst 2000 auf dem deutschen Markt erhältlich: Das zweiteilige Duotone „Mountain" und das dreiteilige Jester „Walk & Ride". Ein weiteres zweiteiliges Board gibt es vom amerikanischen Hersteller Voilé, der auch das Bindungsplatten-System für das Duotone Mountain liefert. Der deutsche Vertrieb steht derzeit aber in Frage. Infos über das Split Decision im Internet unter www.voile-usa.com.

Die Stärken und Schwächen der Systeme

Schneeschuhe

+ Relativ niedriges Gewicht
+ Flach und dadurch recht platzsparend
+ Auf dem Berg schnelles Umrüsten zum Abfahren
+ Gewohntes Snowboard bei der Abfahrt
+ Kraftsparendes Gehen bei Hartschnee und nicht zu steilen Hängen
+ Schneller Höhengewinn durch relativ direktes Hochsteigen möglich
+ Ideal geeignet für Abstecher aus einem Pistengebiet
+ Vergleichsweise günstiger Preis

– Traversieren von Hängen teils schwierig und auf Dauer schmerzhaft
– Manchmal unsicheres Gefühl im steilen Gelände
– Spuren bei tiefem Schnee anstrengend (Anheben der Füße)
– Vorhandene Ski-Aufstiegsspuren können (und sollten!) nicht genutzt werden
– Kein „Gleit-Bonus" im flachen Gelände
– Zusätzliches Gewicht durch das Board auf dem Rücken
– Bei starkem Wind oder in Waldpassagen kann das Board auf dem Rücken stören

Kurzski

+ Kraftsparendes Gehen durch schlurfenden Gang
+ Optimales Nutzen von Skispuren
+ Problemloses Spuren bei nicht allzu tiefem Neuschnee
+ Sicheres Traversieren
+ Raumgewinn durch minimales Gleiten bei jedem Schritt
+ Hohe Betriebssicherheit, sogar Abfahren ist zur Not möglich
+ Gewohntes Snowboard bei der Abfahrt

– Höheres Gewicht als Schneeschuhe
– Sperriges Packmaß
– Zusätzliches Gewicht durch das Board auf dem Rücken
– Bei starkem Wind oder in Waldpassagen kann das Board auf dem Rücken stören
– Teilweise teuer

Split-Board

+ Kraftsparendes Gehen durch schlurfenden Gang
+ Vorhandene Skispuren können mit dem zweiteiligen Board meist, mit dem dreiteiligen Board immer optimal genutzt werden
+ Problemloses Spuren bei nahezu allen Verhältnissen
+ In der Regel sicheres Traversieren
+ Raumgewinn durch minimales Gleiten bei jedem Schritt
+ In längeren Flachstücken auch als Ski nutzbar
+ Wenig zusätzliches Gewicht auf dem Rücken

– Queren bei Hartschnee mit dem zweiteiligen Board in Verbindung mit Softboots manchmal mühsam
– Jester Board: Festgelegter Fußabstand und Bindungswinkel
– Verminderte Torsionssteifigkeit beim Fahren auf harten oder eisigen Schneeoberflächen
– Duotone: Die kleinen Metall-Verbindungsklammern vereisen manchmal und müssen dann freigekratzt werden
– Preis, da ein Tourenboard in der Regel als Zweitboard angeschafft wird

Schuhe & Bindung

Snowboarden im staubenden Pulverschnee ist die Domäne von Softboots. Die weichen Schuhe vermitteln dem Fahrer das optimale Gefühl für Brett, Gelände und Schnee.

Auch wer gerne mal die eine oder andere Geländekante zum Abheben nutzt, ist mit Softboots sicher gut beraten. Selbst Abfahren bei schwierigen Bedingungen, wie Bruchharsch oder harter Schneeoberfläche, stellt für einen geübten Softboot-Fahrer kein größeres Problem dar. Wenn bei alldem der Aufstieg nicht wäre. Und der Weg nach oben macht in der Regel immerhin zwei Drittel der Zeit beim Touren aus. Hier geraten flexible Schuhe schon mal an ihre Grenzen. Bereits ein hart gefrorener Hang mit 30 Grad Neigung kann dann zum Absturzgelände werden.

Herkömmliche Softboot-Systeme sind davon besonders betroffen. Beim Fahren hilft die Bindung mit ihrer rückwärtigen Stütze, dem Highback, das Bein zu unterstützen. Aber auf dem Schneeschuh sind die Fußgelenke ganz auf sich alleine gestellt. Ein guter Kompromiss sind daher Soft-Step-in-Bindungssysteme, bei denen der Highback in den Schuh integriert ist. Zum Beispiel Clicker oder Proflex. Der verstärkte Schaft unterstützt den Fuß und gibt einen besseren Halt im Aufstieg. Außerdem sind diese Step-in-Bindungen recht leicht und vor allem flach. Das ist

Soft Step-in-System. Der stützende Highback ist im Schuh integriert.

Modifizierte Plattenbindung und Hardboot mit gelenkigem Schaft.

Ob Soft- oder Tourenboots – Die Wahl von Schuhen und Bindung ist Geschmacksache. Soft Step-in-Systeme finden immer mehr Anhänger.

nicht nur beim Transport ein Vorteil: Losfahren im Tiefschnee ist damit fast ein Kinderspiel. Kein Bücken und Ausbalancieren, sondern allenfalls den Schnee abstreifen, Schuh einrasten und los geht's.

Auf Touren unter extremen Bedingungen (Gletscher, Eis, kurze Kletterpassagen) können hingegen Hartschalenschuhe ihre Trümpfe voll ausspielen. Gemeint sind damit spezielle Tourenmodelle mit griffiger Sohle. Ihr Schaft ist zum Gehen über ein Gelenk beweglich, lässt sich aber auf Wunsch meist arretieren. Ob knifflige Querungen oder Montage von Steigeisen – beim Aufstieg ist man mit Touren-Hardboots immer Herr der Lage. Sogar das Abfahren macht nach einer kurzen Gewöhnungsphase richtig Spaß.

Ein kleiner Nachteil ergibt sich noch aus den zu verwendenden Plattenbindungen in Verbindung mit Split-Board-Systemen: Die Basis dieser Bindungen baut in der Regel recht hoch. Hinzu kommt dann noch die boardeigene Grundplatte, die zum Gehen umgesetzt wird. Daraus ergibt sich ein Standniveau von etwa drei bis vier Zentimetern über dem Board. Dies wirkt sich ungünstig auf die Gesamtstabilität und Kraftübertragung aus. Tipp: Mit etwas Bastelei kann man bei manchen Plattenbindungen auf die hochbauende Rotationsbasis verzichten. Wer sich nur die Spannbügel auf die Grundplatte schraubt, gewinnt dadurch einige Zentimeter zurück.

Fazit: Letztlich ist die Wahl von Schuh und Bindung Geschmacksache. Wenn der Schnee weich ist und genug Halt bietet, erreicht man in der Regel mit allen Systemen problemlos sein Ziel. Unter extremen Bedingungen muss man mit Softboots jedoch durchaus damit rechnen, in Schwierigkeiten zu geraten. Besonders in kniffligen Passagen.

Freeride-Snowboards

Viele Tourengeher werden auch im Backcountry nicht auf ihr gewohntes Snowboard verzichten wollen. Sie müssen das zusätzliche Gewicht auf dem Rücken beim Aufstieg akzeptieren. Dennoch eignet sich nicht jedes Snowboard für den Geländeeinsatz.

Schmale Pisten-Raceboards haben beispielsweise im Tiefschnee nichts verloren. Sie bieten zu wenig Auftrieb und Flex. Das andere Extrem, die sogenannten Powderguns mit ihrem charakteristischen Schwalbenschwanz, sind sicherlich die Waffe in einem schier endlosen, schnellen Powderhang. Aber mal ehrlich, wie oft haben wir das Vergnügen? Den meisten Spaß over all bringen sicherlich Freeride-Boards mit direktionalem Shape. Sie sind je nach Länge in der Mitte um 25 Zentimeter breit, tailliert, und ihre Schaufel ist etwas breiter und länger als das Tail.

Die Breite des Boards sollte so gewählt werden, dass die Schuhe bei gewohnter Standposition mit der Boardkante abschließen oder nur minimal überstehen. Sonst graben sich die Zehen oder Fersen bei radikalen Turns in den Schnee. Außerdem greift die Kante im steilen Gelände nicht immer optimal.

Die Länge des Boards sollte etwa 5 bis 10 Zentimeter mehr betragen als gewöhnlich. Das heißt: Normale Länge (Board reicht bis Kinn oder Nase) plus Powder-Bonus. Das verbessert den nötigen Auftrieb im Tiefschnee. Denn das Gewicht des Rucksacks ist auf Tour dem Körpergewicht hinzuzurechnen.

Das Gewicht des Boards sollte so niedrig wie möglich sein. Die Federgewichte erleichtern nicht nur das lästige Schleppen auf den Berg. Auch beim Fahren im schwierigen, engräumigen Gelände bereiten die wendigen Boards deutlich mehr Vergnügen. Ganz zu schweigen vom Flugspaß beim Abheben.

Noch ein Tipp zur **Standposition** auf dem Brett: Die Nase des Boards kommt im Tiefschnee besser nach oben, wenn man die Bindungen von der gewohnten Position aus zwei bis vier Zentimeter weiter nach hinten verschiebt.

Leichte Freeride-Boards bereiten maximalen Fahrspaß (Lange Wand Kar, Tour 24).

Unverzichtbares Equipment

Teleskopstöcke

Stöcke sind zum Aufstieg unerlässlich. Sie helfen die Balance zu halten, den Körper in schwierigen Passagen zu stützen und sich im steilen Gelände nach oben zu drücken. Doch damit nicht genug. Mit ihrer Hilfe kann man die Steilheit eines Hanges messen (s. Seite 51), im Vorbeigehen durch Stochern einen Eindruck von der Schneebeschaffenheit bekommen und sich in Flachstücken nach vorne schieben. Es gibt sogar Modelle, die als Lawinensonde einsetzbar sind. Teleskopstöcke bestehen in der Regel aus drei Rohrsegmenten, die mittels Klemmkonen durch Drehen auf jeder beliebigen Höhe justierbar sind. Seltener ist die Arretierung per Kipp-Spannhebel. Praktisch: Bei langen Querungen kann man den bergseitigen Stock kürzer einstellen. Die maximale Länge beträgt etwa 1,40 Meter, zum Transport lassen sich Teleskopstöcke auf etwa 60 Zentimeter komprimieren.

Felle

Snowboarder, die mit Split-Board oder Kurzski unterwegs sind, benötigen für den Aufstieg Felle. Sie sind in der Regel im Lieferumfang enthalten. Unter den Belag geklebt, verhindern sie das Zurückrutschen und ermöglichen so überhaupt erst das Klettern. In Gehrichtung kann man aber trotzdem noch leicht gleiten. Das zahlt sich besonders bei flachen Anstiegen in einem zügigen Vorankommen aus. Selbst wenige Zentimeter mehr pro Schritt addieren sich auf einer langen Tour schnell zu einiger Zeit- und Krafteparnis gegenüber einem Schneeschuhgeher. Am Gipfel zieht man die Felle ab, faltet sie jeweils zur Hälfte und legt damit die Klebeflächen aufeinander. So bleibt der Kleber immer aktiv. Muss man auf einer Tour mehrmals aufsteigen, genügt es, den Belag vor dem Aufziehen des Fells leicht trocken zu reiben. Mit einiger Übung kann man mit Fellen erstaunlich steil und sicher bergauf gehen.

Teleskopstöcke braucht jeder Boarder im Gelände. Ohne sie ist ein Aufstieg undenkbar. Felle und Harscheisen hingegen benötigen nur Kurzski-Fans und Split-Boarder.

Tourenboarder müssen unterwegs Umbaupausen einkalkulieren. Felle abziehen, Stöcke verstauen und Montage des Boards dauert etwa zehn Minuten. Aber auch Schneeschuh-Geher brauchen Zeit, um für die Abfahrt alles startklar zu machen.

Aufstiegsfelle benötigen ab und zu etwas Pflege:
1. Nach jeder Tour sollte man sie an der Luft trocknen lassen.
2. Um ein Ankleben von Schnee zu verhindern, genügt ein Behandeln mit speziellem Fellwachs etwa ein bis zwei Mal pro Saison.
3. Sehr selten muss der Kleber aufgefrischt werden.

Harscheisen

Irgendwann ist es aber auch mit der Traktion von Fellen vorbei. Besonders im späten Frühjahr, wenn die Schneeoberfläche morgens bretthart gefroren ist gerät man in Querungen und Steilstufen schnell in Schwierigkeiten. Dann kommen Harscheisen ins Spiel, stabile Aluminiumstollen, die unter dem Schuh an der Grundplatte der Bindung montiert werden. Sie beißen sich bei jedem Schritt wie Steigeisen zusätzlich im Schnee fest und gewährleisten einen sicheren Aufstieg. Sind bei einer Tour entsprechende Bedingungen zu erwarten, gehören sie unbedingt ins Gepäck.

Werkzeug und Ersatzteile

Materialdefekte unterwegs sind nicht nur ärgerlich, sondern können im Backcountry sogar lebensgefährlich werden. Ohne funktionierende Fortbewegungsmittel wie Schneeschuh oder Board gerät der geliebte Schnee schnell zur Falle. Oberste Priorität deshalb: Haltet euer Equipment in Ordnung! Inspiziert die mechanischen Teile regelmäßig und kontrolliert den Sitz der Schrauben.

Tipp: Sichert die wichtigen Verbindungen mit einem Tropfen mittelfester Schraubensicherung. Auch Risse in Kunststoffteilen oder ausgeleierte Gelenke sind ein Alarmsignal. Zur Sicherheit solltet ihr ein kleines Werkzeugset, abgestimmt auf Board und Bindung mitführen. In der Regel genügt ein entsprechender Klapp-Schraubendreher, einige breite Kabelbinder, etwas reißfestes Gewebeband, ein kleines Taschenmesser und von jeder verbauten Schraube eine als Ersatz. Besonders wichtig sind einige gleichartige Riemen, die man zur Not zu einem längeren zusammenfügen kann. Jetzt kann euch außer einem totalen Board-Crash fast nichts mehr passieren.

Rucksack

Ohne Rucksack ist eine Backcountry-Tour nicht denkbar. Er beinhaltet den Großteil der Lawinenausrüstung, Verpflegung, Wechselbekleidung, Karte, Kompass und weitere Kleinteile – alles unverzichtbare Utensilien. Hinzu kommt, dass wir im Gegensatz zu Tourengehern mit Ski immer Teile unseres Equipments am Rücken transportieren müssen. Beim Aufstieg und bei der Abfahrt.

Der Rucksack ist also während der gesamten Tour ein fester Teil von euch. Fast wie ein Schuh. Und genauso sollte er auch passen. Denn gerade beim Tragekomfort gibt es erhebliche Unterschiede zwischen den Modellen. Verschiedene Tragesysteme der Hersteller buhlen um die Gunst der Käufer. Hier hilft nur ein ausgiebiger Besuch beim Fachhändler und Probetragen. Pflicht sind breite, gepolsterte Tragegurte und ein Hüftgurt, der einen Teil der Last von den Schultern nimmt. Klar, wer nur einmal für einen Tag Backcountry-Luft schnuppern will, dem tut es auch der nächstbeste Wanderrucksack. Aber spätestens wenn ihr zum dritten Mal die Jacke verstauen müsst oder einen Blick auf die Landkarte werfen wollt, werdet ihr merken, wie umständlich und zeitraubend es damit sein kann. Ganz zu schweigen vom Verzurren des Snowboards.

Die Größe des Rucksacks wird in Litern angegeben. Für Tagestouren ist ein Volumen von 30 – 40 Litern empfehlenswert. Hier hat man noch kleine Platzreserven. Bei Reduzierung des Gepäcks kann man mit Pack-Übung auch mit 25 Litern auskommen. Auf einen Satz Harscheisen, Pflicht bei Frühjahrstouren, müsste man dann aber unter Umständen bereits verzichten.

Seit einigen Jahren findet man auch sogenannte ABS-Rucksäcke mit integriertem Lawinen-Airbag-System im Angebot der Shops. Ihr Gewicht liegt über dem eines herkömmlichen Tourenrucksacks. Schließlich müssen zwei zusammengefaltete Luftkammern nebst einer Füllstoffpatrone zusätzlich Platz finden. Ein Mehrgewicht von etwa ein bis zwei Kilo ist für die Sicherheit

1 **Boardhalterung**: Kein langwieriges Fummeln mit verknoteten Riemen, sondern mehrere sinnvoll platzierte Spanngurte mit Clip-Verschluss halten das Board stabil in senkrechter Position. Nicht zu tief, sonst schlägt es beim Gehen in die Kniekehlen. Manche Modelle besitzen eine nach unten ausklappbare Tasche, in der das Boardende fest sitzt. Auch Splitboard-Fans sei unbedingt ein Rucksack mit Boardhalterung empfohlen. Das Board muss zwar eher selten auf den Rücken, aber es kommt der Tag, an dem ihr froh darüber seid.

2 **Deckel**, der sich auch mit aufgeschnalltem Board öffnen lässt. Es nervt einfach, jedesmal das Board lösen zu müssen, wenn man etwas aus dem Hauptfach benötigt.

3 **Außentasche(n)**, die sich mit gepacktem Board erreichen lassen. Hier finden dünne Handschuhe, Landkarte, Kompass und andere oft benötigte Kleinteile Platz.

4 **Extra-Innenfach** für Schaufel und Lawinensonde. Hier sind die hoffentlich nie benötigten Teile aus dem Weg.

5 **Schlaufen oder Spannvorrichtungen**, an denen sich Teleskopstöcke und gegebenenfalls Schneeschuhe oder Aufstiegsski während der Abfahrt außen befestigen lassen. Besonders, wenn innen dafür kein Platz ist.

6 Tipp: **Fach für ein Trinksystem** mit Schlauch. Regelmässig und genügend trinken ist bei einer Snowboardtour sehr wichtig. Und da eignen sich die aus dem Triathlon- und Mountainbikesport bekannten Schlauchsysteme hervorragend. Sie sind äußerst platzsparend, und beim Gewicht schlägt fast nur die reine Flüssigkeit zu Buche. Wichtig: Den Behälter direkt am Rücken tragen, das mindert die Gefahr des Vereisens.

Optimaler Komfort mit dem richtigen Rucksack.

einzukalkulieren. Die Luftkissen verringern auch den Stauraum im Inneren. Die Außenmaße eines mit 25 Litern angegebenen ABS-Rucksacks kann man mit denen eines normalen 40-Liter-Modells vergleichen. Einige Hersteller wie zum Beispiel Vaude, Deuter oder Duotone bieten ABS-Rucksäcke an. Mitglieder des Alpenvereins DAV haben die Gelegenheit, ein Sondermodell zum Vorzugspreis zu kaufen.

In puncto Sicherheit können wir aber in den nächsten Jahren mit Weiterentwicklungen rechnen, die sich wahrscheinlich vorteilhaft auf Preis, Gewicht und Volumen von Airbag-Systemen auswirken werden. Derzeit liegt der Preis für einen solchen Rucksack bei etwa 800 bis 1000 Mark. Näheres zur Funktion von ABS findet ihr im Kapitel „Lawinen-Ausrüstung" auf Seite 38.

Lawinenausrüstung und Orientierungshilfen

Die unbedingt mitzuführende Lawinen-Sicherheitsausrüstung ist in der Checkliste aufgeführt. Sie besteht aus VS-Gerät, Schaufel und Sonde. Hinweise zum Gebrauch findet ihr im Kapitel „Verhalten im Gelände" ab Seite 36. Dort steht ebenfalls alles Wichtige zu den im Gelände nötigen Orientierungshilfen wie Landkarte und Kompass.

Fahrpraxis

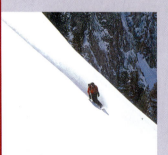

Im Backcountry ist sicher nicht der richtige Ort, um das Snowboarden zu erlernen. Ein gewisses Fahrkönnen, besonders bei schwierigen Schneeverhältnissen ist Voraussetzung. Schnell wechselnde Schneearten sind im Gelände an der Tagesordnung. Boarder haben zwar durch die große Auflagefläche des Snowboards grundsätzlich einen Vorteil, trotzdem gehört beispielsweise das Fahren im brüchigen Schnee zu den anspruchsvollsten Fahrtechniken. Hinzu kommt das anfangs ungewohnte Gewicht des Rucksacks. Überschätzt deshalb nie euren Könnensstand, sondern tastet euch lieber Stück für Stück an anspruchsvolles Terrain heran. Dann hat man mit dem Snowboard bei allen Schneeverhältnissen vor allem eines: Richtig Spaß!

Das selbe gilt für die Kondition. Tourengehen ist ein Ausdauersport, vergleichbar mit Radfahren oder Wandern. Wer regelmäßig unterwegs ist, braucht sicherlich nicht zusätzlich zu trainieren. Andererseits wird jemand, der bisher keinen oder wenig Sport getrieben hat, schnell an seine Grenzen stoßen. Schätzt deshalb euer Leistungsvermögen richtig ein und nehmt beispielsweise Rundtouren mit mehreren Anstiegen erst in Angriff, wenn ihr fit seid.

Erste Hilfe

Ein kleines Erste-Hilfe-Set gehört ebenfalls zur Pflichtausstattung im Rucksack. Fertig zusammengestellte Sets gibt es in jeder Apotheke oder im Outdoor-Handel. Und eine Rettungsdecke nicht vergessen! Die alubedampfte Folie reflektiert im Notfall bis zu 80 Prozent der Körperwärme. Sie hat ein winziges Packmass von etwa 10 x 15 Zentimetern.

Biwaksack

Für längere Touren im Hochgebirge sollte man die Anschaffung eines Biwaksackes einplanen. Er dient nicht nur als Nässe- und Kälteschutz beim Übernachten, sondern kann im Notfall auch ähnliche Zwecke wie eine Rettungsdecke erfüllen, nämlich die Körperwärme des Verletzten zu reflektieren. Als Plane ausgebreitet ist er eine hilfreiche Markierung für die Hubschrauberrettung.

Bekleidung

Spezielle Tourenbekleidung ist praktisch, muss aber nicht von Anfang an komplett sein. Beachtet man einige Grundregeln, wird auch der erste Schnupper-Trip ins Gelände nicht zur Tortur. Erste Erkenntnis bereits nach kurzem Anstieg: Tourengehen ist mächtig schweißtreibend.

Klar, bei minus 10 Grad im Hochwinter weniger als bei einer Frühjahrs-Firntour, aber insgesamt wesentlich mehr als beim normalen Snowboarden im Pistengebiet. Wichtig ist es deshalb, mehrere dünne Kleidungsschichten nach dem sogenannten Zwiebel-Prinzip übereinander zu tragen. Funktionsfasern helfen zusätzlich, den Schweiß von der Haut

Wenn der Rucksack richtig gepackt ist, stört er nach einer Gewöhnungsphase beim Abfahren kaum. Wichtig: Immer einige Riemen zusätzlich mitnehmen, um das Equipment möglichst kompakt zu verzurren.

weg nach außen zu transportieren.

Ein optimales Körperklima erreicht man auch durch An- und Ablegen der äußeren Schichten zur richtigen Zeit. Das kann die Jacke und eine darunterliegende Fleece-Weste sein. Mehrmaliges Anhalten und Wechseln gehört deshalb selbstverständlich zu einem längeren Anstieg. Am Gipfel hilft dann bereits ein trockenes Unterhemd aus dem Rucksack, um

Ausrüstung komplett? Auf Tour spielt jedes Teil des Equipments eine wichtige Rolle. Die Checkliste auf Seite 31 hilft beim Packen.

dem großen Zähneklappern wirksam vorzubeugen.

Wer aber im Backcountry zu Hause ist, kommt um die Anschaffung speziell konzipierter Bekleidung nicht herum.

Tipps von Profis

• Ein zusätzliches Paar dünne Handschuhe für Aufstieg und mehr Fingerspitzengefühl bei Arbeiten am Equipment. Das ist bei Eiseskälte mit bloßen Fingern unmöglich!

• Eine dünne Mütze oder Piraten-Kopftuch aus Mikrofaser für den Aufstieg. Der Körper gibt beim Schwitzen viel Wärme über den Kopf ab, die sich unter einer dicken Wintermütze staut. Ein Tuch verhindert Erkältungen und schützt im Frühjahr vor der intensiven Sonne.

• Eine ärmellose Fleece-Weste. Wenn nach einigen Aufstiegsmetern die Jacke meist im Rucksack verschwindet, hält sie den Oberkörper so warm wie nötig. Direkt auf der Haut liegt dabei ein kurzärmeliges Funktionsunterhemd, darüber ein langärmeliges Hemd oder ein dünner Pullover.

Verpflegung

Essen und Trinken ist auf Tour der Brennstoff für unseren Motor. Gerade bei tiefen Temperaturen verbraucht der Körper sehr viel Energie. Und da gilt es, regelmäßig für Nachschub zu sorgen, in welcher Form auch immer man das individuell bevorzugt. Der eine oder andere Not-Energieriegel hat schon so manchem gerade noch mal über den letzten Berg geholfen. Tipp: Rechtzeitig essen! Am besten bevor man Hunger verspürt.

Besonders unterschätzt wird der Flüssigkeitsbedarf auf einer Tour! Gerade an trockenen und kalten Hochwintertagen bemerkt man das Schwitzen einfach nicht. Sehr viel Wasser geht nämlich über den Atem verloren. Auf einer 3-Stunden-Tour empfehle ich, mindestens 1,5 Liter Getränk mitzunehmen. Bewährt hat sich Apfelschorle oder Mineraldrinks. Genügend Flüssigkeit passt besonders platzsparend mit einem Schlauch-Trinksystem ins Gepäck. Gegenüber Aluflaschen kann man zudem einiges an Gewicht sparen. Grundsätzlich ist aber gegen eine Thermoskanne mit warmem Tee, besonders an kalten Tagen natürlich nichts einzuwenden. Eine Bitte zum Schluss: Verzichtet während der Tour auf Alkohol. Zur realistischen Einschätzung der Situation hilft nur ein klarer Kopf. Powder is our drug!

Bekleidung
Mit diesen Features stimmen Körper-klima und Funktion

* Atmungsaktives Material
* Besätze auf Schultern und im Hüftbereich der Jacke trotzen dem Scheuern des Rucksacks
* Taschen, die auch mit Rucksack auf dem Rücken erreichbar sind
* Zusätzliche Belüftungsöffnungen mit Reiß- oder Klettverschluss
* Am Rücken lang genug geschnittene Jacke
* Wasserdichte, atmungsaktive Hose, möglichst mit seitlichem Reißverschluß
* Verstellbare Abschlüsse an allen Enden gegen eindringenden Schnee

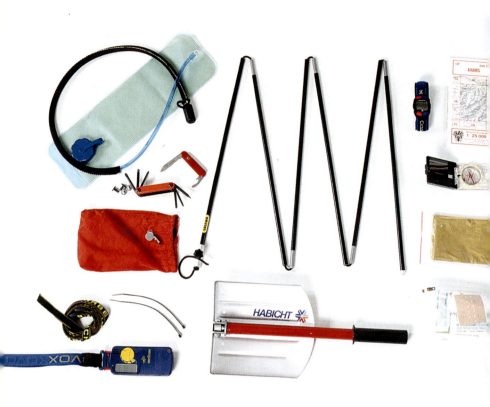

Die Basics. Wer sich ohne die Grundausstattung ins Backcountry wagt, handelt sich und anderen gegenüber fahrlässig. VS-Gerät, Schaufel und Sonde sind das absolute Minimum, um bei einem Lawinenabgang Hilfe leisten zu können. Und der Umgang mit dem Equipment will geübt sein (ab Seite 36).

Die Ausrüstung im Touren-Einsatz

Equipment regelmäßig checken. Am besten sofort nach jeder Tour. Tipp: Rucksack immer gepackt bereithalten. So könnt ihr sicher sein, unterwegs alles dabei zu haben. Außerdem seid ihr damit garantiert die ersten, die den frischen Pulverschnee schmecken.

Mit dem Equipment üben. Probiert bevor ihr auf große Tour geht, mit dem Material umzugehen. Dann sitzt auch unter erschwerten Bedingungen jeder Handgriff.

Längere Flachstücke mit Schieben überwinden. Teleskopstöcke auf maximale Länge ausziehen und im Doppelstockschub gleichmäßig abstoßen. Dabei kann es zweckmäßig sein, den hinteren Fuß aus der Bindung zu nehmen.

Kurze Steilstufen zu Fuß erklimmen. Das ist manchmal sicherer, besonders bei Hartschnee-Verhältnissen. Schlagt mit den Schuhspitzen definierte Stufen in die Schneeoberfläche und arbeitet euch langsam nach oben. Stöcke einsetzen. Trefft diese Entscheidung rechtzeitig, denn befindet ihr euch einmal im Steilhang wird der Umbau immer riskanter.

Steilstufen zu Fuß mit Boardhilfe überwinden. Das funktioniert bei weichem Schnee so: Das Snowboard quer und hochkant vor dem Körper in den Schnee rammen und sich daran Schritt für Schritt hochziehen.

Ärger mit Stöcken vermeiden. Zusammengeschobene Teleskopstöcke beim Transport nie fest arretieren! Es kann bei Kälte passieren, dass eingedrungenes Wasser im Inneren gefriert und die Mechanik blockiert. Ein Lösen ist dann nur noch durch langwieriges Auftauen möglich. Segmente lediglich entriegeln und locker zusammenschieben.

Trocken Rasten. Ein etwa DIN A 4-großes Stück aus einer alten Isomatte erspart beim Sitzen im Schnee einen nassen und kalten Hintern. Das Teil polstert zudem im Rucksack die Schaufel gegen den Rücken und wiegt fast nichts.

Verhalten im Gelände

Wer die Gefahr erkennt, kann ihr ausweichen. Wer diesen Grundsatz im Backcountry beherzigt, lebt länger. Und wer schon einmal den Abriss eines Schneebretts miterlebt hat weiß, dass Respekt oder gar ein bisschen Angst im Voraus besser ist, als von rutschenden Schneemassen mitgerissen zu werden. Dieses Kapitel soll aber nicht abschrecken, sondern Anreiz geben, sich mit der Problematik von Lawinen zu befassen. Nur so begreift man mit der Zeit die Zusammenhänge un Unfälle werden schon im Vorfeld verhindert.

Gefahren im Backcountry

Der Hang war mir schon am Vormittag aufgefallen. Frisch und unverspurt lag er da, wartete nur darauf, entjungfert zu werden. Und jetzt war dort eine Aufstiegsspur. Fast wie eine Aufforderung, ein lautloses Startsignal. Schritt für Schritt folgte ich der Linie. Verdammt steil. Hätte der Kerl nicht etwas kraftsparender gehen können? Im Eifer des Gefechts übersah ich die Warnsignale. Von weitem wirkte der Hang glatt, aber aus der Nähe waren die Mulden, die sich gleich sanfter Rinnen weit hinunterzogen, klar zu erkennen. Eine auf mich zu gerichtete Wechte am Grat voraus signalisierte eindeutig die hier vorherrschende Windrichtung. Zudem blies er mir genau von dort streng ins Gesicht. Aber da war ja die unbehelligte Spur. Klar, da drüben auf dem Rücken bei den Bäumen wäre es etwas flacher gewesen. Nur der Umweg hätte schon einige Minuten gekostet. Genau in einer dieser Mulden dann ein Geräusch. Mit bösem Zischen wanderte der Riss, ausgehend von der Spur halbkreisförmig oberhalb von mir herum. Die Scholle war nicht groß. Vielleicht fünf mal acht Meter kompakter Schnee drückte massiv von oben gegen mein linkes Bein. Zur Salzsäule erstarrt blieb ich stehen. Ich allein schien das Ding am Weiterrutschen zu hindern. Plötzlich war alles anders. Der eben noch traumhafte Hang erschien fast feindselig. Der Blick ging ins Tal. War ich doch schon so hoch gekommen? Der Gedanke, hier abzurutschen jagte mir jetzt richtig Angst ein. Und an mir hing dieses halb gelöste Schneebrett, das nur darauf wartete mich mitzureißen. Alles aus? Vorsichtig bewegte ich das linke Bein. Gott sei Dank, irgendwie schien die Scholle doch noch auf dem unteren Schnee zu haften. Wie auf rohen Eiern tappte ich im Zeitlupentempo rückwärts aus der Mulde heraus, einem sicheren Rücken entgegen. Die längsten fünf Meter meines Lebens. Geschafft. Noch nie hatte ich mein Board schneller an den Füßen. Nur weg von hier – nochmal davongekommen.

Seit damals gehe ich mit anderen Augen durchs Gelände. Obwohl ich zu diesem Zeitpunkt bereits seit einigen Jahren regelmäßig auf Tour ging, unterliefen mir an dem Tag schwer wiegende Fehler. Warum? Weil man sich mit dem Thema Gefahren immer wieder aufs Neue beschäftigen muss. Man darf sich nie dem Irrglauben hingeben, alles zu wissen. Jede Situation erfordert ihre eigene Beurteilung. Und vor allem: Man darf die guten Vorsätze auch beim Anblick eines Traumhangs nicht vergessen.

Backcountry-Snowboarden ist Fahren im freien Gelände, außerhalb jeglicher überwachter und gesicherter Pisten. Das müsst ihr euch immer wieder und bei allen Handlungen ins Gedächtnis rufen. Im Klartext: Wenn etwas passiert, könnt ihr nicht mit unmittelbarer Hilfe von außen rechnen. Sicher werdet ihr als Gruppe auf den meisten Touren nicht alleine unterwegs sein, trotzdem müsst ihr von diesem Fall erst einmal ausgehen. Der lapidare Spruch „no risk, no fun" kann sich im Gelände in Sekundenschnelle in eine ernste Situation verwandeln. Überdenkt also permanent eure Risikobereitschaft. Sicher, ein Lawinenunfall ist wahrscheinlich das Schlimmste was passieren kann. Aber schon das zu späte Bemerken einer fehlenden Jacke im Rucksack oder ein irreparabler Materialdefekt haben auf Tour fatalere Folgen als im Bereich eines Skigebietes. Ganz zu schweigen von einer ernsthaften Sturzverletzung. Hinzu kommen die Gefahren eines Wetterumschwungs. Aufziehender Nebel oder dichter Schneefall können die Orientierung erschweren, besonders oberhalb der Baumgrenze. Alles weiß in weiß,

keine Schilder, keine Markierungsstangen. Gut, wer in einer kritischen Situation mit Karte und Kompass umgehen kann.

Die Mehrzahl der genannten Punkte zeigen: Der Mensch selbst ist die größte Gefahrenquelle. Selbstüberschätzung und mangelnde Erfahrung stehen an erster Stelle. Einerseits sollte man nicht alleine auf Tour gehen, andererseits birgt gerade eine große Gruppe unterschwellige Gefahren. Man fühlt sich stärker, geht unbewusst höhere Risiken ein. Gruppen entwickeln eine Eigendynamik, der sich willensschwächere Charaktere schwer wiedersetzen können. Neinsager werden schnell als Spielverderber abgestempelt und resignieren dann mit dem Gedanken „es wird schon gut gehen".

Um die Gefahren rechtzeitig zu erkennen müsst ihr Erfahrungen sammeln. Vom ersten Tag an, an dem ihr euch mit dem Thema Backcountry befasst. Tourengehen und Variantenfahren ist ein permanenter Lernprozess. Das beginnt bereits mit dem bewussteren Hören des Wetterberichtes, oder mit dem Besuch eines Wochenendkurses für Lawinenkunde. Oder Ihr schließt euch erfahreneren Freunden an. Lernt mit der Zeit, eure eigene Leistungsfähigkeit einzuschätzen. Geht mit offenen Augen durchs Gelände und hinterfragt die Verhältnisse. Lasst euch durch Misserfolge nicht entmutigen, sondern analysiert die Ursachen. Kaum einer wird auf seiner ersten Tour die optimale Linie finden, aber wenn der Blick fürs Gelände einmal geschärft ist, werdet ihr die schönsten Runs eures Lebens haben. Versprochen.

Ob Schneeschuh, Splitboard oder Kurzski – die Entscheidung für die richtige Aufstiegshilfe ist getroffen. Aber wer jetzt einfach losläuft, handelt leichtsinnig und verantwortungslos. Erst wenn ihr auch die Sicherheitsausrüstung mitführt und beherrscht, steht dem Ausflug ins Gelände nichts mehr im Weg.

Das Verschütteten-Suchgerät (VS-Gerät)

Niemals ohne! Das VS-Gerät ist ein kleiner Sender, der am Körper getragen wird und ein permanentes Signal auf der Frequenz 457 Hz abgibt. Für die Suche nach Verschütteten kann man den Sender zu einem Empfänger umschalten. Man hört dann ein gleichmäßiges Piep-Signal, daher auch der Name Piepser. Nähert man sich dem Sender des Verschütteten, wird das Signal lauter. Durch stufenweises Herunterschalten der Lautstärke und erneutes Annähern, lokalisiert man Stück für Stück die Lage des Verschütteten (s. Seite 59). Zusätzlich besitzen einige Geräte verschiedenfarbige Leuchtdioden zur optischen Unterstützung der Richtungsfindung. Seit etwa zwei Jahren gibt es auch moderne Geräte auf digitaler Basis. Sie besitzen teilweise ein großes Display, auf dem nicht nur ein Pfeil die Richtung unmissverständlich vorgibt, sondern auch eine Entfernungsangabe, welche die Suche entscheidend verkürzt. Aber gleich welches Gerät ihr benutzt, ihr müsst es sicher bedienen können. Ziel aller Übungen muss es sein, einen vergrabenen Sender innerhalb von fünf Minuten zu finden.

Lawinensonde

Sie gehört neben Schaufel und VS-Gerät zur Grundausstattung. Die Sonde besteht aus sechs bis acht dünnen Aluminium-Rohr-Segmenten, die mittels einer inneren, gespannten Schnur zu einem bis zu drei Meter langen Stab verbunden

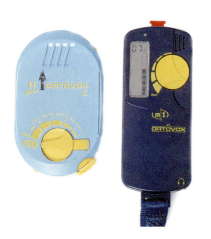

Herkömmliches VS-Gerät mit Leuchtdioden (links) und digitales Gerät mit Entfernungsangabe.

werden, ähnlich einer Teleskop-Zeltstange. Die Sonde ist sehr leicht und braucht zusammengelegt nicht mehr Platz als ein kleiner, zusammengeschobener Regenschirm. Ihr Haupt-Einsatzbereich: Die Feinsuche eines Verschütteten, nachdem man mit Hilfe des VS-Gerätes bereits in seine unmittelbare Nähe gelangt ist. Man ortet den Körper durch gerades Nach-unten-Stechen in den Schnee. Bei einer großflächigen Suche von Verschütteten, die kein VS-Gerät tragen, ist jedoch ein einzelner Sondierer praktisch chancenlos. Man benötigt dann Helfergruppen, die systematisch vorgehen. Eine solche Suche mit Sonden ist sehr zeitaufwendig, und es erfordert viel Erfahrung, einen Körper unter dem Schnee zu erspüren.

Elektronische Lebensretter
10 Tipps zum VS-Gerät

1. Das VS-Gerät hat im Rucksack nichts verloren! Es ist grundsätzlich am Körper zu tragen. Auch während Pausen.

2. Tragt den Sender nicht außen am Körper, sondern besser zwischen zwei Kleidungsschichten. Nur so ist sicher gewährleistet, daß sich das Gerät im Fall eines Lawinenabgangs nicht losreißen kann.

3. Gönnt dem Sender am Anfang jeder Saison neue Batterien. Auch wenn die alten rein rechnerisch noch eine Weile durchhalten würden.

4. Führt die Mindestausrüstung (VS-Gerät, Schaufel, Sonde) auch dann mit, wenn ihr „nur" im Bereich eines Skigebietes die Piste verlassen wollt. Ein kleiner Rucksack behindert beim Fahren praktisch nicht. Nur mit angelegtem VS-Gerät habt ihr eine reelle Chance, von einem Suchtrupp oder Kameraden gefunden zu werden. Eine Suche mit Sonden dauert ein Vielfaches länger!

5. Sender vor dem Losgehen einschalten! Ein gegenseitiger Check vor dem Abmarsch bringt Sicherheit: Alle Teilnehmer der Tour gehen mit angelegten Geräten in Abständen am Prüfer vorbei. Dieser hat sein Gerät dabei auf Empfang geschaltet.

6. Sender erst am absoluten Ende der Tour ausschalten.

7. Übt den Gebrauch des Gerätes regelmäßig. Das Ziel muß sein, den Verschütteten sicher innerhalb von fünf Minuten zu finden. Bereits nach 15 Minuten unter einer Lawine sinken die Überlebenschancen rapide!

8. Führt eine Suchübung auch einmal unter erschwerten Bedingungen durch. Zum Beispiel im tiefen Schnee, an einem Abhang oder bei schlechtem Wetter.

9. Erschwert die Suche durch mehrere vergrabene VS-Geräte.

10. Nehmt niemanden mit auf Tour, der nicht die Mindestausrüstung mitführt und beherrscht.

Schaufel

Die Schaufel muss mit! Vergesst das Ammenmärchen, dass man zur Not auch mit dem Snowboard graben kann. Es gibt Modelle aus Kunststoff mit Alustiel oder Schaufeln, die ganz aus Aluminium bestehen. Der Stiel lässt sich umklappen oder abnehmen, das spart Platz im Rucksack. Praktisch: Im rechten Winkel zum Stiel fixiert, kann man recht schnell auch größere Schneemengen beiseite schaffen. Oder ein Schneeprofil graben. Übrigens: Wenn mal keine Natur-Rampe in der Nähe ist, leistet die Schaufel auch zum Bau eines Kickers gute Dienste.

Zusätzliche Lawinenausrüstung

ABS-Rucksack Das Airbag-System macht sich die physikalische Tatsache zunutze, dass großvolumige, leichte Körper in der fließenden Schneemasse oben treiben. Die Einheit besteht in der Regel aus zwei zusammengefalteten Luftsäcken, die sich an den Seiten des Rucksacks befinden. Im Ernstfall löst man über eine Reißleine eine Treibgasladung aus, welche die Ballons innerhalb von Sekunden aufbläst. Zahlreiche Versuche mit Testpuppen bestätigten, dass dies funktionieren kann. Einen Schutz vor mechanischen Verletzungen kann ABS aber auch nicht bieten. Außer-

dem bleibt immer ein gewisses Restrisiko. Kein Grund also, mit einem ABS-Rucksack das Schicksal im Gelände herauszufordern! Nachteile des Systems sind das erhöhte Packvolumen, sowie ein Mehrgewicht von knapp zwei Kilo. (Vertriebe z.B.: Vaude, Tel. 07542/53060, Duotone/F2, Tel. 089/6130090)

Avalung-Weste Schnee besteht zu einem sehr großen Teil aus Luft. Trotzdem ersticken die meisten Lawinenopfer nach kurzer Zeit. Sie schaffen es nicht, sich kurz vor Stillstand der Lawine eine kleine Atemhöhle freizuhalten. Die neuartige Weste generiert mit Hilfe großflächiger Membranen im Frontteil den lebenswichtigen Sauerstoff aus dem Schnee. Eingeatmet wird über einen Schlauch mit Mundstück, ähnlich

Überlebenschance durch Airbag. Die voluminösen Luftkammern sorgen dafür, dass der Körper nicht von der Lawine verschluckt wird.

Tricks und Sprünge machen im Gelände natürlich am meisten Laune. Klar, der tiefe Schnee garantiert eine weiche Landung. Trotzdem solltet ihr eure Risikobereitschaft immer überdenken, denn man ist auf sich alleine gestellt.

einem Schnorchel. So gewinnt der Verschüttete Zeit bis zur Rettung. Eine mechanische Veletzung kann auch dieses System nicht verhindern. (Vertrieb: Black Diamond, Tel. 0041/6171/31610, *www.avalung.com*)

Mobiltelefon Zum Hilferufen unter der Lawine eignet sich ein Telefon sicher nicht. Aber wenn weitere Teilnehmer der Gruppe ein Handy dabei haben, kann man den Notfall schneller melden. Auf den Notruf-Nummern funktionieren manche Handys auch ohne Vertrag. Eventuell lohnt sich in diesem Fall sogar die Anschaffung eigens für Notfälle.

> **!** Riskiere nie eine Lawinenverschüttung! Die Überlebenschancen sind trotz Anwendung modernster Technik gering. *Werner Munter, Lawinenforscher*

Finden statt Suchen

Landkarte

Klar, Landkarten kennt jeder. Selbstverständlich orientieren wir uns mit Straßenkarten im Gewirr von Autobahnen, Haupt- und Nebenstraßen. Stadtpläne helfen uns, eine bestimmte Adresse auch in einer fremden Stadt recht schnell zu finden. Für eine optimale Orientierung im Gelände benutzt man topographische Karten im Maßstab 1:25.000. Das heißt, ein Zentimeter auf der Karte entspricht 250 Meter in der Natur. Karten mit größeren Maßstäben sind für Bergtouren nur bedingt geeignet. Mit Hilfe der Höhenlinien und der Schummerung (Schattierung) geben topographische Karten ein plastisches Relief der Erdoberfläche wieder. Das Erkennen der verschiedenen Geländeformen ist für Tourengeher das Wichtigste. So kann bereits bei der Planung oder bei schlechteren Sichtverhältnissen eine sichere Route gewählt werden. Anhand der gesamten Karte und der Höhenlinien kann man auch die Himmelsrichtung, beziehungsweise die Exposition eines einzelnen Hangs feststellen. Norden ist bei einer Karte immer oben, Süden logischerweise immer unten. Die West-Ost-Linie verläuft von links nach rechts. Denkt man sich eine Linie, die im rechten Winkel zu mehreren parallel verlaufenden Höhenlinien eines Hangs führt, zeigt sie talwärts gesehen seine Exposition.

Die Höhenlinien in der Karte haben in der Natur einen Abstand von 20 Höhenmetern. An ihrem Abstand zueinander kann man also in der Karte die Neigung eines Hangs erkennen. Je enger sie beisammen liegen, desto steiler ist das Gelände. Der Böschungs- oder Neigungsmaßstab am Kartenrand zeigt die Neigung in Grad. Leichter geht das Bestimmen aber mit Hilfe einer Schablone, auch Planzeiger genannt, welche ihr auf der Karte direkt am entsprechenden Hang anlegen könnt. Aber Vorsicht: Verlaufen die Höhenlinien ungünstig, können sich innerhalb der 20 Höhenmeter im Gelände auch steilere Hangabschnitte befinden! Beispielsweise kurze Wellen. Ein wichtiger Punkt in Sachen Lawinengefahr. Denn hier zählt immer die steilste Stelle im Hang. Eine Überprüfung der Hangneigung vor Ort im Gelände ist also eure Pflicht (s. Seite 51). Zuletzt gibt die Karte Aufschluß über Gipfelhöhen, Bewuchs, (Sommer-) Wege, Bahnen, Hütten, Gewässer und vieles mehr. Ziel ist es, euren Standpunkt jederzeit mit Hilfe von Karte und Kompass anhand markanter Geländeformationen bestimmen zu können.

Auch die heraustrennbaren Tourenkarten im Buch sind topographische Karten im Maßstab 1:25.000. Sie eignen sich also zur ausreichenden Orientierung auf der jeweiligen Tour. Zur Bestimmung der Hangneigung ist jedoch der oben genannte Planzeiger hilfreich, da aus Platzgründen der Böschungsmaßstab

Orientierungshilfen sind in den winterlichen Bergen unerlässlich, denn Wege sind zugeschneit und meist nicht zu erkennen.

fehlt. Ein Planzeiger ist beispielsweise beim DAV für 7 Mark erhältlich (Adresse s. Seite 61).

Kompass

Er gehört nicht nur bei schlechtem Wetter zur Standardausrüstung. Mit dem Kompass könnt ihr jederzeit die Himmelsrichtung feststellen, denn seine freischwingende Magnetnadel zeigt immer in Richtung des magnetischen Nordpols. Das Bestimmen der Exposition eines Hangs ist ein wichtiger Faktor für die Anwendung der Reduktionsformel zur Berechnung des Lawinenrisikos (s. Seite 48 und 52). Nun ergibt sich aber aufgrund der Entfernung des magnetischen vom geographischen Pol (1500 km) eine sogenannte Missweisung von etwa ein bis zwei Grad in den Alpen. Das kann man durch Verdrehen der Windrose voreinstellen. Teilweise sind in den Tourenbeschreibungen Marsch- oder Richtungszahlen angegeben, die euch das Finden der weiteren Richtung erleichtern sollen. Das funktioniert so: Klappt den Kompass auf und dreht die Windrose, bis die angegebene Marschzahl an der Ablesemarke direkt unter dem Peilschlitz des Spiegels liegt. Jetzt dreht ihr euch um die eigene Achse, bis die Nadel genau auf das N zeigt. Eure Blickrichtung entspricht nun der Marschzahl. Eine genauere Peilung ist möglich, wenn ihr den Kompass waagerecht vors Auge hebt, den Spiegel schwenkt bis ihr die Nadel darin sehen könnt, und dann durch den Schlitz im Spiegel schaut. Das ist sinnvoll, wenn mehrere in Frage kommende Ziele nahe zusammen liegen. Ist die Sichtweite begrenzt, müsst ihr

euch mit der Peilung an der nächsten sichtbaren Geländemarke orientieren. Dort angekommen erneut peilen und euch so Stück für Stück ans Endziel heranarbeiten. Dies wird im steilen oder unwegsamen Gelände umso schwieriger, weil man sich selten direkt in die gewünschte Richtung bewegen kann.

Mit dem Kompass könnt ihr auch die Karte im Gelände einnorden. Dreht dazu die Windrose, bis das N für Norden an der Ablesemarke unter dem Spiegel liegt. Legt nun den Kompass mit seiner seitlichen Kante parallel zum rechten oder linken Kartenrand auf die Karte. Jetzt die Karte drehen, bis die Kompassnadel ebenfalls zum N an der Ablesemarke zeigt. Die Lage der Karte stimmt nun mit der Natur überein.

In vielen Kompanden ist auch ein Hangneigungsmesser integriert, der wie ein Senklot funktioniert. Wie man damit die Steilheit bestimmt, seht ihr auf Seite 51.

Höhenmesser

Zur Navigation in der Vertikalen ist ein Höhenmesser fast unverzichtbar. Mit seiner Hilfe und der Karte könnt ihr feststellen, auf welcher Höhenlinie ihr euch gerade befindet. Höhenmesser sind Luftdruckmesser, also Barometer. Sie machen sich die Tatsache zunutze, dass der Luftdruck mit zunehmender Höhe abnimmt und berechnen daraus die momentane Höhe. Moment mal, mit Barometern sieht man doch wie das Wetter wird? Genau. Darin liegt auch das kleine Problem von Höhenmessern. Ändert sich während des Aufstiegs der Luftdruck stark aufgrund eines Wetterumschwungs, wird die Höhenangabe immer ungenauer. Höhenmesser muss man deshalb von Zeit zu Zeit unterwegs an exakt vermessenen Punkten (z. B. Gipfel) nachstellen. Andererseits ist ihre „Wetterfühligkeit" aber von Vorteil. Am Abend auf eure Referenzhöhe eingestellt, zeigen sie am nächsten Morgen, ob sich der Luftdruck verändert hat. Bei starken Schwankungen von beispielsweise mehr als 100 Höhenmetern deutet dies möglicherweise auf eine entscheidende Wettertendenz hin: Ist die Standorthöhe gestiegen, ist der Luftdruck gefallen (Tiefdruckeinfluss, zu erwartende Wetterverschlechterung). Ist die Standorthöhe gefallen, ist der Luftdruck gestiegen (Hochdruckeinfluss, Wetterbesserung). Die heute üblichen, digitalen Armbandgeräte besitzen teilweise zahlreiche nützliche Zusatzfunktionen wie durchschnittliche Steig-/Fallgeschwindigkeit, Speichermöglichkeit von Höhendiagrammen, Stoppuhr und Uhrzeit.

Praktische Orientierungshelfer

Fernglas Ein kleines, zusammenklappbares Fernglas kann helfen, einen weiter entfernten Hang auf seine genaueren Geländeformationen hin zu studieren oder eine lohnende Variante für einen weiteren Aufstieg zu erkunden. Die kleinen, handlichen Gläser belasten das Gepäck kaum.

Lupe Sie erleichtert bei besonders eng zusammenliegenden Höhenlinien das Bestimmen der Hangneigung auf der Karte. Eine preiswerte, kleine Kunststofflupe reicht völlig aus.

GPS Das Satelliten-Navigationssystem ist auch im Bereich Bergsport auf dem Vormarsch. Die Geräte werden kleiner, leichter und kostengünstiger. Das elektronische Orientierungssystem berechnet auf Basis von Satellitensignalen den momentanen Standort auf bis zu 15 Meter genau. Die empfangenen Koordinaten entsprechen Längen- und Breitengraden, die anschließend auf die Karte übertragen werden müssen. Trotzdem wird der Preis von teils weit über 300 Mark je nach Gerät noch viele vom Kauf abschrecken.

Ein Höhenmesser gibt nicht nur Aufschluss über die momentane Höhe am Berg, sondern deutet auch auf Wettertendenzen hin.

43

Sicherheit durch Planung

Mit einer detaillierten Tourenplanung kann man das Risiko eines Unfalls bereits im Vorfeld stark senken. Laut Untersuchungen des DAV sind nur 10 – 15% der Unfallursachen vom Menschen nicht direkt beeinflussbar. Den mit etwa 70% weithin größten Anteil der Unfälle verschuldet der Mensch selbst.

Schneefall. Lautlos decken die Flocken alles mit ihrem glitzernden Weiß zu. Irgendwann sind die kleineren Geländeformationen ausgefüllt, ja förmlich glattgebügelt. Eine weiße Fläche, fast ohne Konturen. Aber was verbirgt sich darunter? Eine Schneedecke ist kein kompaktes Paket, sondern sie besteht aus sehr vielen Schichten, jede mit unterschiedlichen Eigenschaften. Diese Eigenschaften werden bestimmt durch die Verhält-

nisse vor, während und nach dem Schneefall. So kann sich bereits der erste Schnee der Saison, fällt er beispielsweise auf sehr warmen Boden, entscheidend nachteilig auf die Lawinensituation des gesamten Winters auswirken. Ab einer bestimmten Meereshöhe bleibt diese ungünstige Schicht immer unter dem nachfolgenden Schnee verborgen und schwächt möglicherweise die gesamte Schneedecke.

Jede Niederschlagsperiode bildet also eine in Art und Dicke unterschiedliche Schneeschicht. Die eigentliche Gefahr entsteht an den Kontaktflächen zwischen den einzelnen Schichten. Denn jeder Schichtwechsel ist eine potenzielle Gleitschicht! Hinzu kommt, dass sich die Schneedecke durch Setzung in einem permanenten Umwandlungsprozess befindet. Dabei entstehen überall Spannungen, die mit zunehmender Steilheit größer werden. Wie komplex der Aufbau einer Schneedecke ist, sieht man eindrucksvoll an einem Schneeprofil.

Das Schneeprofil

Achtung! Das Abstechen eines Schneeprofils und der beschriebene Rutschblocktest dient nur zur Veranschaulichung der Problematik. Diese Methoden sind nach heutigen Erkenntnissen nicht zur Beurteilung der Lawinengefahr eines Hangs geeignet!

Sucht euch für ein Schneeprofil eine sichere, nicht allzu steile Stelle. Grabt nun die Schneedecke senkrecht in einer Breite von etwa einem Meter auf, wenn möglich bis auf den Grund. Nun die abgestochene Fläche glätten und mit der Hand vorsichtig die einzelnen Schneeschichten herausarbeiten. Je weicher die Schicht, desto leichter lässt sie sich eindrücken. Teilweise lassen sich regelrecht hervorstehende Schollen herauslösen. Gefährlich sind zum Beispiel sehr dünne, weiche Schichten, die zwischen zwei härteren Schichten eingebettet liegen. Wie gefährlich diese Schicht wirklich ist, würde ein klassischer Rutschblocktest zeigen. Dazu muss das Gelände jedoch eine Steilheit von über 30 Grad aufweisen. Der Rutschblock ist ein Quader mit den Kantenlängen von etwa 1,50 m (Höhe) x 2,00 m (Breite) x 1,50 m (Tiefe). Seine Vorderfront bildet unser Schichtprofil. Er wird seitlich abgegraben und hinten mit einer Reepschnur abgesägt. Der Gefahrengrad ergibt sich nun dadurch, bei welcher Belastung der Block oder eine Schicht davon abrutscht. Die Skala reicht vom selbstständigen Abgehen über Daraufstehen bis hin zu mehrfachem Aufspringen.

Diese Faktoren beeinflussen den Aufbau der Schneedecke

* Die Art des Niederschlags
* Wind
* Exposition/Temperatur
* Bodenbeschaffenheit/Geländestruktur
* Befahrende Wintersportler

Die 3 x 3 Methode – Denken statt Schaufeln

Über die Problematik der Ermittlung der Lawinengefahr grübelt der Schweizer Werner Munter, Mitarbeiter des Eidgenössischen Instituts für Lawinenforschung viele Jahre lang. Zu aufwendig und unsicher waren die klassischen Methoden. Er wertete zig Statistiken über Lawinenunglücke aus und kam zu dem Schluss, dass die Stabilität eines Hanges nicht an allen Stellen gleich groß ist. Ein Rutschblocktest oder Schneeprofil kann also nur etwas über die Beschaffenheit des Hangs an dieser einen Stelle aussagen! Würden wir den Test nur wenige Meter daneben wiederholen, könnte das Ergebnis vollkommen anders aussehen. Die oben genannten Bedingungen, die während des Schneefalls herrschten, können den Schneedeckenaufbau so kleinräumig beeinflussen, dass ein Schließen vom Rutschblock auf einen ganzen Hang zum Lotteriespiel gerät.

Realistisch gesehen wäre man demnach die halbe Zeit einer Tour, auf der man ja meist mehrere Hänge in verschiedenen Expositionen befährt, mit dem Graben von Profilen beschäftigt.

Unter Berücksichtigung der Tatsache, dass es die absolute Sicherheit im Gelände nicht geben kann, entwickelte Werner Munter seine inzwischen anerkannte 3 x 3 Filterstrategie mit anschließender Reduktionsformel. Mit dieser Formel lässt sich zumindest das Risiko einer Lawinenauslösung berechnen. Vorraussetzung ist eine vernünftige Tourenplanung, der erste Schritt in Richtung Sicherheit.

Filtert man die Tour auf die folgende Weise Punkt für Punkt (= 3 x 3), erhält man eine ganzheitliche Beurteilung, die negative Überraschungen vorab schon einmal weitgehend ausschließt.

1. Regional. Die Planung vorab zu Hause, oder an dem Ort (Urlaubsort),

3x3 Filter Kriterien

	Verhältnisse	**Gelände**	**Mensch**	
regional (Tourenplanung mit Alternativen)	Lawinenlagebericht Wetterprognose Auskünfte von Lokalexperten Weitere Infos	Karte 1:25000 Tourenführerliteratur Fotos und Luftbilder Eigene Geländekenntnisse	Wer kommt voraussichtlich mit? Verfassung (körperlich) Ausbildung und Erfahrung Wer ist verantwortlich?	Fremd-informationen
lokal (So weit Auge und Feldstecher reichen) Routenwahl mit Varianten	**Schnee** Allg. Schneeverhältnisse Windverfrachtung Kritische Neuschneemenge Weitere Alarmzeichen Ist heute alles umgekehrt? Süd gefährlicher als Nord? In der Höhe besser als unten? **Wetter/Tendenz** Sicht/Bewölkung Wind Niederschlag Temperatur	Stimmt meine Vorstellung? Mit Feldstecher überprüfen: • Relief • Dimensionen • Expositionen • Steilheit • Skispuren Sind evtl. vorhandene Spuren dem Gelände und den Verhältnissen angepasst?	Wer ist in meiner Gruppe? Ausrüstung- und Piepser kontrolle Wer ist sonst noch unterwegs? Zeitplan laufend überprüfen	Eigene Beobachtung und ständige Nachbeurteilung
zonal Einzelhang-beurteilung, Spuranlage im Hang	Neuschneemenge prüfen Frische Triebschnee-ansammlungen Sicht Einstrahlung Größe eines möglichen Schneebretts (u.a. abhängig von der Gefahrenstufe): Was hängt zusammen?	Was ist über/unter mir? Steilste Hangpartie Exposition Kammnähe Höhenlage Hangform	Müdigkeit/Disziplin/Technik Hang stängig begangen? Führungstaktik/Vorsichts-maßnahmen: • Abstände • Korridore • Spuren • Warteräume • Umgehungen	Letzte Überprüfung 'to go or not to go'

Frischer Pulverschnee und blauer Himmel – da sind die guten Vorsätze schnell vergessen. Im Vergleich zu den früheren Methoden kann man mit der 3 x 3 Formel das Lawinenrisiko jedoch relativ schnell ermitteln. Ganz ausschließen läßt sich der Abgang einer Lawine aber nie.

wo ihr euch gerade befindet. Sie findet in der Regel mindestens einen Tag vorher statt.

2. Lokal. Die Planung vor Ort, also am Beginn und während der Tour.

3. Zonal. Die unmittelbare Beurteilung eines einzelnen Hangs auf der Tour.

Tipp

Ein ausführliches Merkblatt aus wasserfestem Papier mit einer Zusammenfassung der 3x3 Reduktionsmethode von Werner Munter ist bei der Agentur Pohl & Schellhammer erhältlich (Adresse s. Seite 61)

Die Reduktionsformel

Mit der Berechnung nach der Reduktionsformel erhält man einen Zahlenwert, der das verbleibende Restrisiko ausdrückt. Nur wenn dieser Wert kleiner gleich eins ist, ist das Risiko akzeptabel! Das heißt, die Wahrscheinlichkeit einer Lawinenauslösung ist dann gering. 100 Prozent Sicherheit gibt es nicht!

Die Vorgehensweise: Der Formel zugrunde liegt der offizielle Lawinenlagebericht. Wo man ihn bekommt steht auf Seite 61, und auch bei jeder Tourenbeschreibung. Dort ist er gleich auf die jeweilige Region bezogen. Der Lagebericht beurteilt die

Die Reduktionsformel (ganz oben) und die dazugehörigen Faktoren zur Berechnung des Restrisikos.

Gefahr in fünf Stufen. Den ersten drei Gefahrenstufen (gering, mäßig und erheblich) wird für die Formel ein bestimmtes Gefahrenpotenzial zugeordnet (s. Tabelle). Herrschen die Stufen 4 (groß) oder 5 (sehr groß), ist eine Berechnung des Restrisikos nicht möglich! Bei Stufe 4, beschränkt man sich grundsätzlich auf Gelände unter 30 Grad Neigung. Besser wartet man jedoch eine Entspannung der Situation ab. Bei Stufe 5 ist ein Ausflug ins Gelände absolut tabu!

Das so ermittelte Gefahrenpotenzial (z.B. 8) steht in der Formel über dem Bruchstrich. Unter dem Strich wählt man nun aus der Tabelle die für die Tour zutreffenden Reduktionsfaktoren (RF) aus. Beispiel: Der steilste Hangabschnitt liegt zwischen 35 und 39 Grad (= RF 2), und ihr verzicht auf die laut Lawinenlagebericht kritischen Hänge und Bereiche (= RF 4). Falls noch ein drittklassiger Faktor auf die Tour zutrifft, zum Beispiel RF 2 für ständig befahrene Hänge, kann man diesen zusätzlich noch in die Berechnung mit einbeziehen. Die unter dem Strich stehenden Faktoren werden multipliziert.

Das Ergebnis der Beispielrechnung ergibt ein Restrisiko von 0,5, es liegt also im grünen Bereich. Selbst wenn ihr auf einer wenig begangenen Tour auf den drittklassigen Faktor verzichten müsstet, wäre in diesem Fall das verbleibende Restrisiko mit dem Wert eins gerade noch akzeptabel. Beachtet bitte die am Ende der Tabelle angegebenen Einschränkungen!

Den offiziellen Lawinenlagebericht richtig interpretieren

Mit dem Lawinenlagebericht verhält es sich ähnlich wie mit einem Vertrag: Nicht nur die Ziffer der Gefahrenstufe zählt, sondern vor allem das Kleingedruckte! Der angefügte Text enthält immer weitere wichtige Elemente, die es für eine sichere Tourenplanung zu beachten gilt:

1. Hinweise auf wetterbedingte Einflüsse auf die Schneedecke.
2. Eventuell unterschiedliche Gefahrenstufen für Tallagen und höher gelegene Hänge.
3. Detaillierte Hinweise auf bestimmte Gefahrenstellen.
4. Empfehlungen für das Verhalten im Gelände.
5. Tendenz der Lawinensituation.

Aber schon am Anteil der schwachen Hänge pro Lawinenstufe (s. Tabelle rechts) erkennt man gut die

---

Die offizielle Skala der Lawinen-Gefahrenstufen
(gültig für alle Alpenländer)

1 gering Eine Lawinenauslösung ist allgemein nur bei großer Zusatzbelastung** an sehr wenigen, extremen Steilhängen möglich.
Empfehlung: Allgemein sichere Tourenverhältnisse.
Anteil der schwachen, riskanten Hänge: 0 – 7 %

2 mäßig Eine Lawinenauslösung ist insbesondere bei großer Zusatzbelastung** vor allem an den angegebenen Steilhängen* möglich.
Empfehlung: Unter Berücksichtigung lokaler Gefahrenstellen günstige Tourenverhältnisse.
Anteil der schwachen, riskanten Hänge: 7 – 15 %

3 erheblich Eine Lawinenauslösung ist bereits bei geringer Zusatzbelastung** vor allem an den angegebenen Steilhängen* möglich. Fallweise sind spontan*** einige mittlere, vereinzelt aber auch große Lawinen möglich.
Empfehlung: Touren erfordern lawinenkundliches Beurteilungsvermögen. Die Möglichkeiten sind eingeschränkt. Steilhänge der angegebenen Exposition und Höhenlage wenn möglich meiden.
Anteil der schwachen, riskanten Hänge: 15 – 30 %

4 groß Eine Lawinenauslösung ist bereits bei geringer Zusatzbelastung** an zahlreichen Steilhängen wahrscheinlich. Fallweise sind spontan*** viele mittlere, mehrfach auch große Lawinen zu erwarten.
Empfehlung: Touren erfordern großes lawinenkundliches Beurteilungsvermögen. Die Möglichkeiten sind stark eingeschränkt. Wenn überhaupt, nur in mäßig steilem Gelände unter 30 Grad bewegen. Lawinenauslauf-Bereiche beachten!
Anteil der schwachen, riskanten Hänge: 30 – 50 %

5 sehr groß Spontan*** sind zahlreiche große Lawinen, auch in mäßig steilem Gelände zu erwarten.
Empfehlung: Touren sind allgemein nicht möglich. Verzicht empfohlen!
Anteil der schwachen, riskanten Hänge: über 50 %

---

* Die Gefahrenstellen sind im aktuellen Lawinenlagebericht näher beschrieben.
** geringe Zusatzbelastung: z.B. einzelner Skifahrer/Snowboarder/Fußgänger, Zusatzbelastung: z.B. Gruppe ohne Abstände, Lawinensprengung
*** spontan: ohne menschliche Einwirkung.

Bei einem unerwarteten Wetterumschwung ist es meist ratsam, die Tour abzubrechen. Erst recht in unbekanntem Gelände, oder wenn man sich oberhalb der Waldgrenze im konturenlosen Weiß befindet.

Grobstufigkeit des Lageberichtes. Sie schwankt immerhin um das Doppelte. Hinzu kommen die Größe der Region (z.B. ganz Tirol) und eine gewisse Zeitverschiebung zwischen Erfassung und Ausgabe. Der Lawinenlagebericht alleine reicht für die Beurteilung im Gelände nicht aus! Deshalb fließt er als ein Teil des Ganzen in die Informationsbeschaffung und auch nur als ein Teil in die Reduktionsformel mit ein.

Darüber hinaus ist jede zusätzliche Informationsquelle willkommen. Je fokussierter auf die geplante Tour, desto besser. Dazu zählt der Wetterbericht genauso wie die Aussage von zurückgekehrten Tourengehern, die man vielleicht am Vorabend in der Kneipe beim Bier trifft (s. 3 x 3 Filter).

Wetter-Infos

❋ Achtet bewusster auf den Wetterbericht und beobachtet die Wetterentwicklung kontinuierlich. Das gilt auch für die Lawinenwarnstufe: Die sich ergebende Kurve (Diagramm) lässt mit wachsender Erfahrung auf bestimmte Verhältnisse schließen.

❋ Je regionaler der Wetterbericht, desto besser. Der allgemeine Wetterbericht für Deutschland beispielsweise kann allenfalls für eine Tendenz herhalten. Relevanter ist der Bericht von Österreich oder der Alpenwetterbericht, herausgegeben vom DAV (s. Seite 61).

❋ Bestimmte TV-Stationen wie BR 3 oder ORF senden frühmorgens zwischen 7.30 Uhr und 9.00 Uhr Livebilder aus vielen Wintersportregionen.

❋ Internetadressen mit Live-Kameras findet Ihr ebenfalls auf Seite 61.

Warnsignale vor Ort erkennen

Bestimmen der Hangneigung

Die Hangneigung spielt eine große Rolle bei der Lawinengefahr. Je steiler, desto höher ist das Schneebrett-Risiko. Der gefährlichste Bereich liegt zwischen 30 und 45 Grad. Neben dem Bestimmen der Hangneigung anhand der Höhenlinien in der Karte (s. Seite 40), kann man die Steilheit auch auf zwei Arten vor Ort messen. Lerneffekt: Mit der Zeit bekommt man ein immer besseres Gefühl für die Neigungen.

Hangneigung

Unfallhäufigkeit abhängig von der Hangneigung:
30 – 35 Grad: 13,5% der Unfälle
35 – 40 Grad: 34% der Unfälle
40 – 45 Grad: 34% der Unfälle

Unter 30 Grad gehen eher selten Lawinen ab. Entscheidend für eine Auslösung ist hierbei die Steilheit der Anrisszone. Und die kann auch über oder unter euch liegen! Über 45 Grad ist es in der Regel zu steil für die

Der Neigungsmesser

Das Instrument bekommt man entweder separat im Fachhandel, oder man benutzt den in vielen Kompanden integrierten. Am besten legt man das Gerät auf einem in Falllinie in den Schnee gelegten Stock oder Board an.

Die Skistock-Methode

Den senkrechten Stock vorab mit folgenden Markierungen versehen (vom Teller aus gemessen): 58 cm = 30 Grad, 70 cm = 35 Grad, 84 cm = 40 Grad, 100 cm = 45 Grad. Den waagerechten Stock genau auf 1 Meter Länge justieren und im rechten Winkel zum senkrechten Stock verschieben, bis er auf den Hang trifft. Jetzt kann man die Neigung direkt ablesen. Tipp: Bei Teleskopstöcken funktioniert eine Markierung mit Klebeband schlecht. Besser mit einem Messer einritzen.

Schneebrettbildung. Hier geht der Schnee meist während des Falls als Lockerschneerutsch ab.

Felsdurchsetzte Hänge sind immer steiler als 40 Grad. Vorsicht in Rinnen! Ihre Seitenwände sind wesentlich steiler als die messbare Achse.

Die Hangrichtung (Exposition)

In den Alpen ist West die vorherrschende Windrichtung. Das heißt, der Schnee wird in der Regel von West nach Ost verfrachtet und kann sich dort als gefährlicher Triebschnee ablagern (s. Absatz „Wind"). Das bestätigen Statistiken, nach denen 90 % aller Lawinenunfälle im Sektor NW bis SO passieren. Wer im Zweifel auf Steilhänge in diesem Sektor verzichtet, reduziert das Unfallrisiko also bereits deutlich.

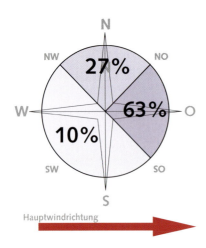

Die Lawinenhäufigkeit in Abhängigkeit von der Hang-Exposition.

Gründe für die hohe Gefahr im Sektor NW bis NO (27%):
1. Durch niedrige Temperaturen (weniger Sonneneinstrahlung) wird eine bestehende Gefahr länger konserviert und die Bildung von Schwimmschnee begünstigt.
2. Schnellere und beständigere Entstehung von Oberflächenreif als Gleitschicht.
Gründe für die niedrigere Gefahr im Sektor SO bis NW (10%):
1. Schnellere Stabilisierung der Schneedecke durch Sonneneinstrahlung.
2. Gefährlicher Oberflächenreif wird schneller abgebaut.
Zu beachten ist aber, dass es dadurch im Frühjahr wiederum zu Nassschneelawinen kommen kann. Früher Aufbruch zur Tour empfohlen.

Wind – Der Baumeister der Lawinen

Jeder hat sicher schon einmal eine Wechte gesehen. Jene Schneewälle, die wie übermächtige Balkone an Graten oder Gipfeln hängen. Bedrohlich, scheinbar allzeit bereit zum Abbruch. Wechten entstehen durch Wind. Er bläst Schnee den rückwärtigen Hang nach oben über die Kante. Dort entstehen Verwirbelungen. Die Flocken lagern sich teilweise ab, der Balkon wächst Stück für Stück in Windrichtung. So entstehen im Laufe eines Winters teils riesige Wechten. Gefährlich, wenn man darauftritt. Gefährlich, wenn sie abbrechen. Am gefährlichsten sind jedoch die Schneeflocken, die nicht oben hängen bleiben. Sie lagern sich ständig im Windschattenhang unter dem Balkon ab. So entsteht tückischer Triebschnee. Er besteht aus abgeschliffe-

Wechten sind ein Warnsignal und Indiz für die vorherrschende Windrichtung. Achtung beim Betreten oder gar Herunterspringen! Im Hang unterhalb der Wechte lagert sich Triebschnee an. Die Wahrscheinlichkeit einer Schneebrettauslösung ist hier besonders hoch. Zudem belastet die Landung oder gar ein Sturz die Schneedecke mit bis zu einer Tonne Gewicht!

nen, eingebackenen Kristallen, gebunden zu einem Schneebrett das nur auf denjenigen wartet, der von dieser einladenden „Schanze" in den Hang springt. Meidet also diese Bereiche besser! Besonders kurz nach Neuschneefällen mit viel Wind. Aber nicht nur im Bereich von Wechten lagert sich Triebschnee ab, sondern in allen Rinnen und Mulden. Gefahr signalisiert auch eine gewellte Schneeoberfläche, ähnlich dem Sand auf dem Meeresgrund. An kritischen Tagen sind deshalb beim Aufstieg und bei der Abfahrt Rücken und Kuppen vorzuziehen. Hier oben sammelt sich in der Regel kein Triebschnee an. Grundsätzlich gilt: Je stärker der Wind während einer Schneefallperiode bläst, desto mehr Vorsicht ist geboten. Bereits 10 bis 20 Zentimeter Neuschnee können dann zu erheblicher Lawinengefahr führen. Herrscht hingegen wenig oder kein Wind bei

Temparaturen um den Gefrierpunkt, steigt die Gefahr erst bei einem halben Meter Neuschnee auf erheblich (Stufe 3). Selbst größere Schneefälle haben bei optimalen Verhältnissen nicht zwangsläufig die Lawinenwarnstufe 4 oder 5 zur Folge.

Der Weg auf den Berg Vertraut nicht blind einer vorhandenen Spur! Seid ihr euch sicher, dass der Vorgänger auf den selben Berg wollte? Hat er das Gelände optimal ausgenutzt und eventuelle Steilstufen möglichst umgangen? Nehmt euch im Zweifel die Zeit, einen Blick in die Karte zu werfen. Steht die Spur in Frage, muss die Entscheidung zugunsten einer neuen, eigenen Route fallen. Keine Umwege scheuen! Eine gute Spur passt sich dem Gelände an und führt nicht zu steil

nach oben. Der direkte Weg ist selten der beste. Kuppen und Rücken sind sicherer als Rinnen und Mulden! Beobachtet beim Gehen die Schneeoberfläche und Beschaffenheit. Mit geübtem Blick bekommt man dabei oft Hinweise auf die Lawinensituation (siehe „Alarmsignale" auf Seite 57). Dies ist auch der Grund, warum eine Tour meist sicherer ist als eine Variante. Man steigt in der Regel die selben Hänge und Expositionen hinauf, die man auch wieder abfährt. Während des Aufstiegs hat man bereits Gelegenheit, die Lage zu beurteilen und im Zweifel umzukehren. Bei Varianten hingegen gewinnt man Höhe mit Hilfe von Bahnen. Die Abfahrten sind oft nicht einzusehen, sie liegen manchmal sogar auf der anderen Seite des Berges. Einen Hang von oben zu beurteilen ist wesentlich

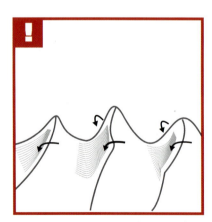

Lasst euch bei windverblasenen Hängen und Rücken nicht in die mit frischem Triebschnee gefüllten Rinnen und Mulden verlocken.
Werner Munter, Lawinenforscher

Im Gelände sind Kuppen und Rücken den Mulden und Rinnen vorzuziehen. Hier oben sammelt sich in der Regel kein Triebschnee an.
Werner Munter, Lawinenforscher

Die erste Spur im Lange Wand Kar (Tour 24).

Auch unterhalb der Waldgrenze oder zwischen Bäumen kann sich eine Lawine lösen. In diesem Fall handelt es sich um eine Grundlawine.

schwieriger. Oft sieht man Rinnen oder Bereiche nicht, die die Abfahrtsroute von der Seite her bedrohen.

Safety first – Tipps fürs Gelände

• Entlastungsabstände beim Aufstieg in kritischen Hängen einhalten. Bereits das punktuelle Mehrgewicht einer weiteren Person kann über das Auslösen eines Schneebrettes oder einer Lawine entscheiden. Der Abstand der einzelnen Geher sollte mindestens 10 Meter betragen.

• Darauf achten, dass sich beim Aufstieg in Kehren niemand direkt über oder unter euch befindet.

• Nicht im Gleichschritt gehen. Dabei belastet die Schneedecke ein erhebliches Mehrgewicht!

• Steilste Hänge und Hangabschnitte wenn möglich umgehen.

• Angerissene Hänge mit sogenannten Fischmäulern bevorzugen. Die sind in der Regel entspannt.

• Lange Hangquerungen vermeiden. Auch direkt unterhalb eines breiten Hangs. Steigt lieber am Rand oder in einem sicheren Bereich mit Hilfe der Spitzkehrentechnik nach oben.

• Bereits beim Aufstieg das Gelände gut einprägen. Merkt euch beispielsweise markante Bäume oder Formationen. Dann findet ihr auch bei der Abfahrt eure optimale Linie. Denn von oben betrachtet, sieht meist alles ganz anders aus.

• Entlastungsabstände in kritischen Hängen auch bei der Abfahrt einhalten. Das Abfahren belastet die

Schneedecke doppelt so stark wie das Aufsteigen. Die Abstände der einzelnen Fahrer müssen viel größer als beim Aufstieg sein.

• Überwacht euch gegenseitig bei der Abfahrt von einem sicheren Punkt aus. Nur so ist im Falle eines Lawinenabgangs gewährleistet, dass überhaupt eine schnelle Rettung stattfinden kann. Denn suchen kann nur, wer nicht verschüttet wird.

• Stürze vermeiden. Dabei ist die Belastung der Schneedecke mit bis zu einer halben Tonne nochmals höher als beim Gehen und Fahren.

• Hört auch mal auf ein ungutes Gefühl. Meidet einen Bereich lieber, wenn ihr euch unsicher seid.

• Mut zur Umkehr! Insbesondere bei eindeutigen Alarmzeichen.

• Ein intensiver Wärmeeinbruch direkt nach einem Schneefall wirkt sich kurzfristig negativ auf die Festigkeit der Schneedecke aus.

• Gefährlichster Tag ist der erste schöne Tag nach einer Schneefallperiode. Besser keine Hänge über 30 Grad Neigung befahren!

• Beobachtet das Wetter während der Tour. Mit der Zeit bekommt man einen Blick für die Anzeichen eines Umschwungs.

• Eine Tour in unbekanntem Gelände bei extremer Verschlechterung der Sicht abbrechen.

• Geht nicht alleine auf Tour. Ihr verzichtet sonst auf 41% Überlebenschance bei einem Lawinenunfall.

• Legt euch nie auf eine bestimmte Tour fest. Im Zweifel müsst ihr flexibel auf die jeweilige Wetter- und Lawinenlage reagieren. Beispiel: Herrschen extrem niedrige Temperaturen, sollte man besser auf eine Tour unter 2000 Metern Höhe ausweichen.

Umwelt und Naturschutz

Dass man auf Tour seine Abfälle wieder mitnimmt, dürfte wohl selbstverständlich sein. Der Spaß im Backcountry darf keinesfalls auf Kosten der Pflanzen- und Tierwelt gehen. Genug, dass schon viele Tiere aus den großen Bereichen der Skigebiete vertrieben wurden. Verhaltet euch deshalb verantwortungsvoll der Natur gegenüber.

• Tiere und Pflanzen achten. Im Aufstieg wie bei der Abfahrt. Betretet auf

---

Alarmsignale

Wer umkehrt, lebt länger

Eine bedrohliche Lawinensituation herrscht,

...wenn beim Betreten der Schneedecke Wumm-Geräusche zu hören sind. Sie entstehen durch Setzungen und Brüche innerhalb der Schneedecke. Die Lautstärke reicht dabei von sehr leise bis hin zu eindeutig hörbar. Je tiefer die Tonlage, desto tiefer unten liegt die labile Schicht. Eine schwache Schicht an der Oberfläche äußert sich durch ein Zischen. Die entstehenden Risse können allerdings unsichtbar bleiben.

...wenn sichtbare Risse beim Betreten der Schneedecke entstehen.

...wenn beim Betreten eines Hangbereichs weiter entfernt ein Schneebrett abgeht. Man bezeichnet dies als Fernauslösung.

...wenn ihr den Abgang spontaner Schneebretter beobachtet. Das heißt, ohne menschliches Einwirken ausgelöst.

...wenn die Schneedecke beim Betreten deutlich vibriert, ähnlich dem Betreten eines Moorbodens.

Mit dem Split-Board im Aufstieg
zum Hirzer (Tour 29).

keinen Fall abgesperrte oder gekennzeichnete Schonungen! Eingeschneiter Jungwald ist durch die scharfen Boardkanten gefährdet.
• Falls vorhanden, Hinweisschilder auf Aufstiegs- und Abfahrtsrouten beachten.
• Bei geringer Schneehöhe im Frühwinter oder in Tallagen nicht auf Tour gehen, bzw. das Board rechtzeitig abschnallen.
• Freistehende Baumgruppen im Bereich der Waldgrenze und an Graten wenn möglich umgehen. Dort halten sich oft Birkhühner auf.

Der Ernstfall – Verhalten bei Lawinenabgang

Kaum einer kann sich die Gewalt einer Lawine vorstellen. Sehr schwer, in diesem Moment Ruhe zu bewahren. Sollte jemand verschüttet worden sein, kommt es jetzt auf jede Sekunde an. Deshalb ist es wichtig, den Einsatz des VS-Gerätes immer wieder zu üben.

Tipps:
• Gerät man während der Abfahrt in ein Schneebrett, gilt es jede Chance zu nutzen, vielleicht noch zu entkommen. Während des Aufstiegs hingegen ist man bei einer Lawine so gut wie chancenlos.
• Besteht die Möglichkeit, trennt euch von Stöcken und/oder Board. Das Board beispielsweise wirkt wie ein Anker, der einen in den Schnee hinunter zieht. Bestimmte Step-in-Bindungssysteme könnten hierbei von Vorteil sein.
• Entgegen der landläufigen Meinung bergen Schwimmbewegungen mehr Nach- als Vorteile. Zum einen erhöht sich das Verletzungsrisiko, zum anderen verhindern sie womöglich das rechtzeitige Einnehmen der

Verschütteten-Suche

Zuerst das Gerät auf Empfang schalten. Hört man kein Signal, den Lawinenkegel in Serpentinen abgehen, bis der erste Ton geortet wird. Jetzt stehenbleiben und durch Drehen des Körpers herausfinden, woher das lauteste Signal kommt. In diese Richtung gehen. Je näher ihr dem Sender kommt, desto lauter wird das Signal. Deshalb müsst ihr die Lautstärke ständig herunterregeln. Etwa alle fünf Meter stehenbleiben und, falls nötig, eure Suchrichtung korrigieren. Jedesmal weiter in Richtung des lautesten Signals gehen, bis der Lautstärkeregler auf der leisesten Position steht. Die Lautstärke niemals während der Suche wieder hochregeln! Wird das Signal wider Erwarten in der eingeschlagenen Richtung leiser, geht ihr entgegengesetzt zurück bis zur lautesten Stelle. Hier von neuem orientieren. Schlussendlich steht ihr im Umkreis von zwei Metern des Verschütteten. Durch die Eigenschaft des Senders, seine Wellen ellipsenförmig auszusenden kann es sein, dass der Verschüttete innerhalb der letzten zwei Meter genau am leisesten Punkt liegt.
In diesem Bereich deshalb das Gerät direkt über der Schneeoberfläche kreuzförmig bewegen. Schneller geht eventuell das Sondieren.

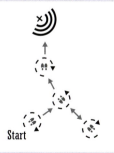

Start

Freeriden im Backcountry – Das heißt, alpine Gefahren einschätzen lernen.

Kauerstellung. Die Hände vorm Gesicht schaffen eine Atemhöhle.
• Beobachtet jemand den Lawinenabgang, so sollte er sich folgende Punkte einprägen: Den Erfassungspunkt des Verunglückten und den Verschwindepunkt. Mit Hilfe dieser Daten in Verbindung mit der weiteren Fließrichtung lässt sich der Lagepunkt des Verschütteten leichter eingrenzen. Denn je schneller ihr ihn findet, desto größer sind seine Überlebenschancen.
• Wenn ihr die Möglichkeit habt, euch selbst zu befreien, dann tut dies auch. Mit Hilfe von Speichelfluß aus dem Mund könnt ihr dazu eventuell eure Lage im Inneren der Lawine bestimmen. Die entgegengesetzte Richtung weist den Weg nach oben.
• Glaubt an eure Rettung.
• Oberstes Gebot, sowohl für den Verschütteten als auch für die Helfer: Ruhe bewahren.

• In Gruppen sollte der erfahrenste Teilnehmer die Suche koordinieren. Nichts kostet mehr Zeit als Panik und planloses Umherlaufen.
• Sind mehrere Personen in die Lawine geraten, geht ihr wie folgt vor: Befreit den ersten Verschütteten nur soweit, bis der Kopf freiliegt und er Luft bekommt. Vergesst nicht, sein VS-Gerät auszuschalten. Es stört sonst die Suche weiterer Verunglückter. Kümmert euch dann sofort um weitere Kameraden.
• Es möge nie vorkommen, aber solltet ihr ohne VS-Gerät verschüttet werden, müsst ihr auf eine Suche mit Sonden oder Lawinenhunden vertrauen. Folgender Tipp ist wirklich ernst gemeint: Hunde haben eine unglaublich sensible Nase. Der Suchhund findet einen Verschütteten schneller, wenn der in den Schnee uriniert hat.

Auf einen Blick

Lawinen-Lagebericht
Region Bayern
Tel.-Band: 089 / 1210 1210
Faxabruf: 089 / 1210 1130
www.lawinenwarndienst.bayern.de
www.alpenverein.de
Videotext: BR Tafel 646

Region Tirol
Tel.-Band: 0043 / 512 / 15 88
Faxabruf: 0043 / 512 / 581 839 81
www.lawine.at
Videotext: ORF Tafel 615

Region Vorarlberg
Tel.-Band: 0043 / 5522 / 15 88
www.lawine.at
Videotext: ORF Tafel 615

Region Salzburg
Tel.-Band: 0043 /662 / 15 88
www.lawine.at
Videotext: ORF Tafel 615

Region Schweiz
Tel.-Band: 0041 / 1 /187
Faxabruf: 0041 / 900 / 592021
www.slf.ch

Live-Kameras aus Wintersport-regionen im Internet
www.lawine.at
www.powderhausen.com
www.schnee.ch/service/wetter/wetter_live.php3

Aktuelles aus der Backcountry-Szene
www.snowboard-backcountry.de

Alpine Wetterberichte
Alpen (DAV)
089 / 29 50 70

Alpenwetter
0190 / 11 60 11

Bayerische Alpen
0190 / 11 60 19

www.alpenverein.de

Die Alpenvereine
DAV
Von-Kahr-Str. 2-4
80977 München
Tel. 089 / 14 00 30
Fax 089 / 14 00 312
www.alpenverein.de

ÖAV
Wilhelm-Greil-Str. 15
A-6010 Innsbruck
Tel. 0043 / 512 / 59 547
Fax 0043 / 512 / 57 55 28
www.alpenverein.at

Buchempfehlungen
Alpin-Lehrplan Band 4
(Skibergsteigen/Variantenfahren)
BLV Verlag
ISBN 3-405-14824-3

3x3 Lawinen
(Entscheiden in kritischen Situationen)
Agentur Pohl&Schnellhammer
Hauptstraße 36, 82467 Garmisch P.
ISBN 3-00-002060-8

Pulverschnee, blauer
Himmel und traumhaf-
te Abfahrten – abseits
gewalzter Pisten könnt
ihr das Snowboarden
neu erleben. Ursprüng-
lich, und manchmal
wild. Die 30 ausge-
wählten Spots warten
nur auf eure Spuren.

Das müsst ihr beachten

Alle Touren sind als Eintages-Unternehmen ausgelegt. Um genügend Zeitreserven zu haben, ist in den Monaten Dezember bis Februar ein Aufbruch zwischen 8 und 9 Uhr empfehlenswert. Bei Touren mit mehreren Anstiegen nicht nach 8 Uhr losgehen. Bei Frühjahrstouren in den Monaten März bis April/Mai ist die schnelle Tageserwärmung zu berücksichtigen! Besonders bei Touren im Sektor Ost bis Süd. Die Gefahr von Nassschneelawinen steigt im Laufe des Tages an. Beispiel: Morgens Stufe 2, Mittags Stufe 3 bis 4. Tourstart zwischen 6 und 7 Uhr empfohlen!

Gehzeit

Die angegebene Gehzeit entspricht nur der gesamten Aufstiegszeit. Sie soll als Anhaltspunkt dienen. Wer regelmäßig oder häufig Touren geht, wird sie sicher etwas unterbieten. Weniger trainierte Sportler sollten eine viertel bis halbe Stunde insgesamt hinzurechnen. Nicht zu vergessen die für Snowboarder nötige Umrüstzeit, besonders bei Touren mit zwei oder mehr Aufstiegen. Veranschlagt pro Umbau etwa 10-15 Minuten. Abfahrten und Pausen nicht vergessen!

In der Zeittabelle der Tourenbeschreibung seht ihr immer die Teilzeiten zwischen den einzelnen Wegpunkten!

Auch wenn die Aufstiegs-Höhenmeter bei einigen Touren identisch sind, die Aufstiegszeiten müssen es nicht sein! Das liegt zum einen an unterschiedlichen Entfernungen, zum anderen am Gelände. Auf einem glatten, gleichmäßig geneigten Hang steigt man in der Regel schneller, als in stark kuppiertem Gelände mit Steilstufen. Hier kann die sicherste Route einen längeren Weg bedeuten. Faustregel: Für 1000 Höhenmeter etwa 3 Stunden veranschlagen.

Höchster Punkt

Stellt Euren Höhenmesser am Start auf die in der Tourenbeschreibung angegebene Höhe. Damit stellt Ihr sicher, dass die Angaben an den folgenden Punkten weitgehend übereinstimmen. Wetterbedingte Abweichungen einkalkulieren und im Zweifel den Höhenmesser an den angegebenen Punkten nachstellen.

Die Höhenangabe in der Kopfzeile (Klammer) gibt den höchsten auf dieser Tour erreichbaren Punkt an. Manchmal ist die Abfahrt aber nur von einem tieferen Punkt empfehlenswert (siehe Tabelle in der Tourenbeschreibung). Der abschließende Gipfelanstieg muss dann in der Regel zu Fuß absolviert werden.

Exposition

Die Angabe der Exposition im Steckbrief gibt die überwiegende(n) Ausrichtung(en) der jeweiligen Hänge an. So habt ihr die Möglichkeit, die Tour nach den herrschenden Lawinen- und Schneeverhältnissen auszuwählen und gegebenenfalls auf eine nahegelegene, alternative Tour auszuweichen. Auf den Karten befindet sich zur Orientierung eine Windrose.

In manchen Tourenbeschreibungen sind an bestimmten Punkten Marschzahlen in Klammern angegeben, zum Beispiel (M 50). Sie sollen euch die Orientierung mit dem Kompass erleichtern. Die Anwendung wird im Kapitel "Verhalten im Gelände" auf Seite 42 erläutert.

Schwierigkeit

Die Schwierigkeitsskala soll ebenfalls eine Hilfe sein, die für euren Leistungsstand optimale Tour zu finden. Die Bewertung ist subjektiv, da es keinen offiziellen oder einheitlichen Massstab geben kann. Tendenziell sind die Beurteilungen eher defensiv einzustufen. Touren-Einsteiger tasten sich am besten Tour für Tour an die anspruchsvolleren Spots heran. So lernt ihr euer Leistungsvermögen kennen. Wählt eine Tour mit mehreren Anstiegen erst, wenn ihr eure konditionelle Verfassung genau einschätzen könnt. Außerdem sollte die Wetterlage stabil sein. Auf Touren mit nur einem Anstieg ist eine Umkehr hingegen jederzeit möglich.

Beachtet bitte unbedingt, dass die Natur einer ständigen Veränderung unterliegt! Trotz der detailgenauen Darstellung der Aufstiegs- und Abfahrtsrouten ist es grundsätzlich eure Pflicht, momentane Wetter- und Schneeverhältnisse vor Ort zu berücksichtigen und die Route gegebenenfalls anzugleichen. Das Begehen erfolgt grundsätzlich auf eigene Gefahr! Im Winter 99/2000 entstanden beispielsweise aufgrund extre-

mer Windverhältnisse wesentlich mächtigere Wechten als im Jahr zuvor. Oder mehr oder weniger zugeschneite Gräben, Bäche etc..

Lawinen

Das gilt in besonders hohem Maß auch für die bei den Touren angegebene Lawinengefahr! Sie dient nur als Anhaltspunkt und ersetzt keinesfalls eine detaillierte Planung mit Hilfe aktueller Daten (s. Kapitel "Lawinenkunde und Tourenplanung"). Die Quelle des für die Region zutreffenden, offiziellen Lawinenlageberichts ist bei jeder Tour angegeben. Weitere Informations- und Servicenummern findet ihr auf Seite 61.

Die Touren sind so ausgewählt, dass ihr auf der Abfahrt in der Regel durchgehendes Gefälle antrefft. Auch Zustiege auf Forstwegen halten sich in Grenzen. Aber bedenkt eines: Ihr befindet Euch in freier Natur. Keine Pistenraupe ebnet den Weg oder gibt vor, wo es lang geht. Einige Schwünge zuviel oder eine Unachtsamkeit, und ihr landet auch einmal in einer Mulde oder einem Flachstück.

Auf einen Blick

Symbole

Tour mit mehreren Anstiegen

Teils Forstwege

Besonders lohnende Abfahrt

Liftbenutzung nötig/empfohlen

Kartenteil ab S. 129
Die topographischen Tourenkarten im Maßstab 1:25.000 lassen sich an der Perforation heraustrennen und einzeln auf die jeweilige Tour mitnehmen.

Tipp: Eine Klarsichthülle hält das Papier trocken. Zur Aufbewahrung später abheften.

Kartenteil
Legende

─────	Beschriebene Aufstiegsroute ab START 1
1 ● 2 ●	Markante Orientierungspunkte beim Aufstieg (Höhenangabe in der Tourenbeschreibung)
▬ ▬ ▬ ▬	Abfahrt im Bereich des Aufstiegs
V ▬ ▬ ▬ ▬	Variantenaufstieg. Zusätzliche Zeit einkalkulieren!
V ▬ ▬ ▬ ▬	Variantenabfahrt (teils mit Nummerierung)

30 Backountry-Trips
Alle Touren im Überblick

	Tourenziel	Region	Hm	h.P.	Zeit	Exp.
1	Brecherspitz	Bayerische Voralpen	818	1600	2:40	W,NW,SW
2	Rund um die Aiplspitz	Bayerische Voralpen	1086	1695	3:20	W, O, S
3	Wilde Fräulein	Bayerische Voralpen	515	1615	1:30	W, O, S
4	Breitenstein	Bayerische Voralpen	774	1574	2:40	NW
5	Schafreuter	Südliches Karwendel	1233	2080	3:00	W
6	Seekarlspitze	Rofangebirge	430	2261	1:45	S
7	Pfuitjöchle	Zugspitz-Region	1023	2135	3:15	S
8	Grünstein	Zugspitz-Region	887	2272	3:20	S, O, N

	Tourenziel	Region	Hm	h.P.	Zeit	Exp.
9	Lampsen Spitze	Stubaier Alpen	1187	2876	3:20	O
10	Zischgeles	Stubaier Alpen	1315	3004	3:50	N, NO
11	Galtenberg	Kitzbüheler Alpen	690	1850	2:00	NO
12	Mareitkopf	Kitzbüheler Alpen	844	2004	3:00	SO, NO
13	Joelspitze	Kitzbüheler Alpen	904	1964	2:30	SW
14	Feldalphorn	Kitzbüheler Alpen	978	1923	2:30	W
15	Gerstinger Joch	Kitzbüheler Alpen	1139	2011	3:15	W, NW
16	Steinberg	Kitzbüheler Alpen	1015	1887	2:45	O
17	Brechhorn	Kitzbüheler Alpen	1021	2032	3:15	O
18	Schützkogel	Kitzbüheler Alpen	1144	2067	3:30	W
19	Kuhkaser	Kitzbüheler Alpen	1035	2002	3:00	N, W
20	Sonnspitze	Kitzbüheler Alpen	714	2062	2:30	W, S
21	Staffkogel	Kitzbüheler Alpen	969	2115	3:30	S, O
22	Müllachgeier	Kitzbüheler Alpen	504	2254	1:50	N, NO
23	Ronachgeier	Kitzbüheler Alpen	788	2236	2:45	O
24	Lange Wand Kar	Zillertaler Alpen	1400	2800	4:00	N, NW
25	Marchkopf	Tuxer Voralpen	1025	2499	3:15	W, NW
26	Kraxentrager	Tuxer Voralpen	949	2423	3:15	W, NW
27	Sonntagsköpfl	Tuxer Voralpen	774	2244	2:15	N, NO
28	Gilfert	Tuxer Voralpen	1223	2506	3:20	SW
29	Hirzer	Tuxer Voralpen	1374	2725	4:00	W, NW
30	Grafennspitze	Tuxer Voralpen	1209	2619	3:30	W

Tourenübersichtskarte auf Seite 128

Neuschnee auf der Abfahrt zur
Freudenreich Alm.

Für Einsteiger geeignete Tour mit zwei
Anstiegen. Verkürzung mit Liften möglich.
Ideales Freeride Gelände.
Aufstieg: **818 Hm**
Gehzeit: **2:40 Std.**
Höchster P.: **1600 m**
Beste Zeit: **Dezember — Februar**
Exposition: **West, Nordwest, Südwest**
Lawinen: **kaum gefährdet**

Leicht   Mittel   Schwer

01

Sonntag früh, 6 Uhr 30. Wir fahren auf der leeren A 8 Richtung
Süden. Schnee ist in der kalten Nacht
gefallen. Letzte Flocken tanzen auf
der Windschutzscheibe. Von großen
Aufhellungen war im Wetterbericht
die Rede. Kurz hinter dem Kreuz
Brunnthal kann man bereits die Sil-
houette der Alpen erkennen. Unser
Ziel, die ebenmäßige Pyramide der
Brecherspitz zeichnet sich scharf
gegen den fahlen Morgenhimmel ab.
6 Uhr 40 – das Münchner Pistenvolk
liegt noch im Tiefschlaf. Der Plan:
Nach fetten Powderturns steht uns
der Sinn, bevor wir den Rest des
Tages im Spitzinger Skigebiet am
Stümpfling ausklingen lassen wollen.
Auf dem Parkplatz am Kurvenlift
rührt sich um kurz nach halb acht
zum Glück noch nichts. Aber auf den
Pisten haben die Planierraupen in der
Nacht schon wieder ganze Arbeit
geleistet. Egal, uns erwarten unver-

Startort/Anfahrt: **Autobahn München – Salzburg, Ausfahrt Miesbach/Schliersee, der Bundesstraße durch Schliersee Richtung Bayrischzell folgen, hinter Neuhaus rechts zum Spitzingsee hinauf abzweigen, einige Meter nach dem Spitzingsattel rechts zum Parkplatz am Kurvenlift.**
Hütten: **Untere First Alm, Obere First Alm (DAV), Tel. 08026/7302**
Kartenempfehlung (optional): **Topographische Karte 1:25000 Nr. 8337/8437 Josefsthal, Bayerisches Landesvermessungsamt**
Schneeinfo: -
Internet/Tourismusverband: **www.spitzingsee.de, Tel. 08026/6065-0, Fax 08026/6065-20**
Lawinen-Info: **www.alpenverein.de, Tel.-Ansage 089/1210-1210, Faxabruf 089/1210-1130**
Tourenbeschreibung u. Karte: **Seite 129**

Brecherspitz

Mini-Safari am Spitzingsee

spurte Tiefschneehänge auf der Rückseite der Brecherspitz. Die Tour eignet sich mit ihren zwei kurzweiligen Aufstiegen gut für Einsteiger, um sich mit dem neuen Equipment vertraut zu machen. Sie führt in einen stillgelegten Bereich des Skigebietes. Warfen die Lifte dort keinen Profit mehr ab? Unser Glück, denn jetzt müssen die Hänge wieder „by fair means" erobert werden. Den ersten Teil des Anstiegs kann man ab dem Parkplatz mit Hilfe des Kurven- und Osthangliftes verkürzen. An der Unteren First Alm treffen die Routen wieder zusammen. Der beste Schnee liegt meist im oberen Teil der Abfahrt zur Freudenreich Alm hinunter. In der schattigen Wanne überlebt der Pulver auch ein paar Sonnentage. Für Cracks hält die Brecherspitz noch das steile Nordkar hinunter zur Ankel Alm bereit. Die Variante ist aber nur bei ganz sicherer Lawinenlage möglich!

Freeride-Traum. Die sanft geneigten Powderhänge an der Brecherspitz laden zum Cruisen ein – Spitzingsee-Panorama inklusive.

Powdergarantie vom Kleinmiesing in den Krottenthaler Graben.

Rechts im Hintergrund die Abfahrts-varianten vom Gipfel des Tanzecks.

Rundtour mit drei oder wahlweise vier Auf-stiegen. Ausdauer erforderlich. Durch die umliegenden Felsgipfel hat die Tour fast hochalpinen Charakter.
Aufstieg: **1086 Hm**
Gehzeit: **ab 3:20 Std.**
Höchster P.: **1695 m**
Beste Zeit: **Dezember — Februar**
Exposition: **West, Ost und Süd**
Lawinen: **mitunter gefährdet**

Leicht   Mittel   Schwer

02

Die Touren in den Spitzinger Bergen lassen sich abwechslungs-reich mit einem Pisten-Urlaub kombi-nieren. Teilweise können die Anstiege sogar mit Liften verkürzt werden. Die beiden Skigebiete am Stümpfling und am Taubenstein haben sich bis heute ihren natürlichen Charme erhalten und sind gottlob weit vom Status eines Skizirkus entfernt. Wer auf Schirmbar und Disco steht, kommt am Spitzingsee nicht auf seine Kosten. Aber für uns zählt sowieso nur das makellose Weiß da draußen. Das zweite Backcountry-Abenteuer führt in die angrenzenden Berge der Taubenstein-Region, zur schroffen Pyramide der Aiplspitz. Start ist zwar am Parkplatz der Kabinenbahn, eine erleichternde Auffahrt lohnt aber kaum. Allenfalls der Rauhkopflift, den wir später passieren, könnte uns ein paar Aufstiegsmeter abnehmen. Bis

Startort/Anfahrt: **Autobahn München – Salzburg, Ausfahrt Miesbach/Schliersee.** Der Bundesstraße durch Schliersee Richtung Bayrischzell folgen, hinter Neuhaus rechts zum Spitzingsee hinauf abzweigen. Weiter über den Spitzingsattel bis zum Parkplatz an der Taubensteinbahn auf der linken Seite (gebührenpflichtig). Nach Schneefall unbedingt Ketten mitnehmen.

Hütten: **Schönfeld Alm (DAV), Tel. 08026/7496**

Kartenempfehlung (optional): **Topographische Karte 1:25000 Nr. 8337/8437 Josefsthal, Bayerisches Landesvermessungsamt**

Schneeinfo: -

Internet/Tourismusverband: **www.spitzingsee.de, Tel. 08026/6065-0, Fax 08026/6065-20**

Lawinen-Info: **www.alpenverein.de, Tel.-Ansage 089/1210-1210, Faxabruf 089/1210-1130**

Tourenbeschreibung u. Karte: **Seite 131**

Rund um die Aiplspitz

Varianten über dem Spitzingsee

auf eine recht steile Passage gleich zu Beginn auf der Piste, bietet der erste Teil der Tour bis zum Tanzeck keine größeren Schwierigkeiten. Vorsicht jedoch beim zweiten Anstieg zum Kleinmiesing! Kurze Steilstufen von über 35 Grad erschweren das Klettern. Erst einmal genießen wir aber den Traumhang hinunter zur Krottenthaler Alm. Experten wählen bei sicherer Lage die Rinne direkt vom Gipfel des Tanzecks. Die schattige Nordost-Exposition garantiert hier fast immer pulvrigen Schnee. Weniger steil ist das breite Kar zwischen Aiplspitz und Tanzeck. Im Idealgefälle ziehen dort auch Einsteiger problemlos ihre Turns. Wer auf dem Kleinmiesing noch Kraft für einen weiteren Aufstieg hat, dem sei die Variante in den Krottenthaler Graben empfohlen. Besonders ungestört ist man im November und Dezember, wenn das Skigebiet am Taubenstein noch geschlossen ist. Vorher Lawinen- und Schneelage checken!

Fette Belohnung für die Mühen des Aufstiegs. In der Südostflanke des Kleinmiesing findet man ungestört seine Linie.

71

Noch verhüllt Morgennebel die Gipfel – Aufstieg an der Schönfeld Alm.

Nur Fliegen ist schöner – Soulride im letzten Licht der Wintersonne.

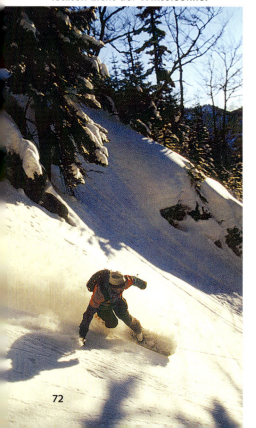

Unscheinbarer Gipfel, der aber einige Varianten bietet. Die Tour kann je nach Belieben verlängert werden.
Aufstieg: **515 Hm**
Gehzeit: **ab 1:30 Std.**
Höchster P.: **1615 m**
Beste Zeit: **Dezember – Februar**
Exposition: **West, Ost und Süd**
Lawinen: **mitunter gefährdet**

Leicht   Mittel   Schwer

03

Wilde Fräulein – was für ein Name. So richtig wild mutet der kleine Gipfel beim ersten Hinsehen eigentlich nicht an. Wie im richtigen Leben offenbart das Fräulein ihre wahren Qualitäten erst beim genaueren Betrachten. Das liegt sicher daran, dass die Abfahrtsvarianten etwas versteckt hinter dem Gipfel liegen. Keine offenen, für jedermann sofort verlockenden Hänge, sondern kleine Varianten, die erst entdeckt werden wollen. Aber wild kann das Frauenzimmer auch werden! Die Hänge im Bereich oberhalb der Schönfeld Alm haben den Gebäuden nicht erst einmal einen Besuch in Form von Lawinen abgestattet. Und das nur einige Meter neben dem vermeintlich sicheren Skigebiet. Erst im Dezember 1999 stand der Schnee in den hinteren Wohnräumen bis unter die Decke. Nur Glück, dass niemand zu Schaden kam. Achtet also auf eure Tritte, wenn

Startort/Anfahrt: **Autobahn München – Salzburg, Ausfahrt Miesbach/Schliersee.** Der Bundesstraße durch Schliersee Richtung Bayrischzell folgen, hinter Neuhaus rechts zum Spitzingsee hinauf abzweigen. Weiter über den Spitzingsattel bis zum Parkplatz an der Taubensteinbahn auf der linken Seite (gebührenpflichtig). Nach Schneefall unbedingt Ketten mitnehmen.

Hütten: **Schönfeld Alm (DAV),** Tel. 08026/7496

Kartenempfehlung (optional): **Topographische Karte 1:25000 Nr. 8337/8437 Josefsthal, Bayerisches Landesvermessungsamt**

Schneeinfo: -

Internet/Tourismusverband: **www.spitzingsee.de,** Tel. 08026/6065-0, Fax 08026/6065-20

Lawinen-Info: **www.alpenverein.de,** Tel.-Ansage 089/1210-1210, Faxabruf 089/1210-1130

Tourenbeschreibung u. Karte: **Seite 133**

Wilde Fräulein

Stimmungsvoller Kurztrip am Taubenstein

ihr beim Anstieg oberhalb der Schönfeld Alm zum Gipfel geht. Zunächst mutet die Tour nur wie ein kurzer Abstecher aus dem Taubenstein Skigebiet an. Aber wer will, kann den Trip auch über Jägerkamp und Benzingspitz weiter ausdehnen. Sogar eine Kombination mit Tour zwei ist denkbar. Auf den teils bewaldeten Hängen zwischen Benzingspitz und Tanzeck gibt es noch so manche Line zu entdecken.

Das Mini-Kreuz auf dem Wilden Fräulein hoch über dem Skigebiet.

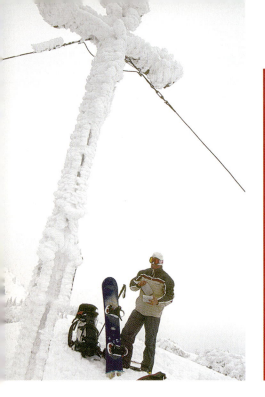

Leicht   Mittel   Schwer

04

Wald, nichts als Wald. Auf den ersten Blick sieht der Breitenstein nicht gerade snowboardtauglich aus. Aber man sollte sich nicht abschrecken lassen, der Nachbargipfel des Wendelstein verbirgt ein System an Schneisen mit einigem Freeride-Potenzial. Ein Berg für alle Fälle, wo man im Hochwinter auch seine Spuren ziehen kann, wenn sich das Wetter mal nicht von seiner besten Seite zeigt. Die Waldbegrenzungen sorgen an den meisten Hängen dafür, dass die Sicht selten im konturenlosen Weiß versinkt. Und zudem steht der Breitenstein in der ersten Reihe wenn's darum geht, eine Ladung Pulverschnee abzubekommen. Denn das Gebiet vom Achenpass bis zum Wendelstein gilt seit jeher als Schneeloch. Nur sollte es im richtigen Zeitraum bis in die Tallagen kalt sein. Sonst lässt die Schneequalität im unteren Bereich schnell nach. Statt am Café Winklstüberl kann man die Tour auch etwas höher an der Schwaiger Alm beginnen. Bei Neuschnee ist die schmale Straße hinauf aber ohne Schneeketten nicht befahrbar. Zudem sind Parkmöglichkeiten knapp. Die Orientierung auf der Tour ist einfach, der Abfahrtsspaß wird nur durch zwei kurze Waldpassagen unterbrochen. Kurz vor dem felsigen Gipfelaufbau kommt dann doch noch hochalpines Feeling auf. Bevor ihr die ersten Turns zieht, lohnt es sich, die Aussicht vom ausgesetzten Kreuz übers Alpenvorland bis hin nach München zu genießen. Dann aber los. Ideales Freeride-Gelände findet ihr gleich am Gipfelhang und oberhalb der Bücher Alm. Wenn ihr früh genug dran seid, lohnt dieser Hang für einen zweiten

Startort/Anfahrt: **Autobahn München – Salzburg, Ausfahrt Irschenberg. Der Bundesstraße nach links Richtung Miesbach folgen. Nach einigen Kilometern links Richtung Fischbachau, Hundham passieren. Wenige Kilometer hinter Dürnbach am Cafe Winklstüberl parken (links).**

Hütten: **Schwaiger Alm, Café Winklstüberl (beide zu Beginn der Tour)**

Kartenempfehlung (optional): **Topographische Karte 1:25000 Nr. 8237 Miesbach, Bayerisches Landesvermessungsamt**

Schneeinfo: **Tel. 08023/428, www.wendelsteinbahn.de**

Internet/Tourismusverband: -

Lawinen-Info: **www.alpenverein.de, Tel.-Ansage 089/1210-1210, Faxabruf 089/1210-1130**

Tourenbeschreibung u. Karte: **Seite 135**

Breitenstein

Freeriden am Nachbar des Wendelsteins

Typisch Breitenstein – Almwiesen, gesäumt von tief verschneiten Tannen. Turn oberhalb der Bücher-Alm.

Aufstieg. Extremisten werden am Breitenstein sicher nicht fündig, kaum ein Hang liegt über 30 Grad Neigung. Aber dafür macht es hier auch Laune, wenn in den Hochlagen die Lawinensituation zu gefährlich ist.

Die erste Spur im Gipfelhang –
Belohnung fürs frühe Aufstehen.

Längerer Forstweg zu Beginn, dann jedoch nahezu 700 Höhenmeter hindernislose Abfahrt im Idealgefälle. Etwas Ausdauer im Anstieg erforderlich.

Aufstieg: **1233 Hm**
Gehzeit: **3:00 Std.**
Höchster P.: **2080 m**
Beste Zeit: **Dezember – März**
Exposition: **West**
Lawinen: **mitunter gefährdet**

Leicht   Mittel   Schwer

05

Eine ebenmäßige, scheinbar unbezwingbare Pyramide – so zeigt sich der Schafreuter wenn man vom Sylvenstein-Viadukt aus nach Süden blickt. Wie mit dem Lineal gezogen zieht der scharfe Nordwest-grat von rechts zum Gipfel hinauf. Kaum zu glauben, dass sich auf der uns abgewandten Westseite ein traumhaftes Freeride-Gelände ausbreitet. Gut, der rund 75-minütige Forstweg bis zum freien Almgelände

Freeriden am Schafreuter. Das Karwendel-Panorama ist gratis.

Startort/Anfahrt **ab Bad Tölz: Der Bundesstraße über Lenggries folgen. Am Speicher Sylvenstein rechts Richtung Vorderriß, dann weiter Richtung Hinterriß. Begrenzte Parkmöglichkeiten etwa 6 km nach Vorderriß, gleich nach der Oswaldhütte. Links steht ein kleines Wirtschaftsgebäude an einer Lichtung. Am Forstweg beginnt der Anstieg.**

Hütten: **Unterwegs keine bewirtschafteten Hütten, Gasthof Post in Vorderriß**

Kartenempfehlung (optional): **Topographische Karte 1:25000 Nr. 8434 Vorderriß, Bayerisches Landesvermessungsamt**

Schneeinfo: -

Internet/Tourismusverband: -

Lawinen-Info: **www.alpenverein.de, Tel.-Ansage 089/1210-1210, Faxabruf 089/1210-1130**

Tourenbeschreibung u. Karte: **Seite 137**

Schafreuter

Boarden im südlichen Karwendel

scheint zunächst gegen eine Snowboardtour zu sprechen, aber wer da oben einmal bei frischem Powder gesurft ist, nimmt das gerne in Kauf. Wer scharf auf First Tracks ist, sollte früh aufbrechen, besonders am Wochenende. Doch Werktags ist man am Schafreuter der König! Trotzdem - keine Angst, das weite Gelände bietet insbesondere denjenigen, die einen zweiten Aufstieg im Gipfelbereich nicht scheuen, fast immer genügend unberührte Flächen. Wenn ihr den steilen Hang oberhalb der Mooslahner Alm geschafft habt, bietet sich während der letzten Höhenmeter eine grandiose Aussicht ins Alpenvorland. Weit über den Starnberger See bis nach München reicht der Blick an einem klaren Tag. Aber wagt euch nicht zu nah an den Rand des Plateaus. Wie ein durchgehender Balkon ziehen sich hier die Wechten bis zum Gipfel. Der schmale Grat vom Vorgipfel zum Kreuz hinüber ist nur schwindelfreien Naturen zu empfehlen. Am besten überlässt man ihn denen, für die eine Tour ohne Berühren des Gipfelkreuzes nicht gilt. Nutzt die Gelegenheit lieber für die ersten Turns im unverspurten Powder. Tipp: Die oberen 400 Höhenmeter nochmals aufsteigen. Haltet euch bei der ersten Abfahrt mehr links in Richtung des weiten Talgrundes. Nach dem Wiederaufstieg am rechten Grat entlang surfen. Bei jedem Turn zieht das Panorama wie in einem Breitwandkino an euch vorbei. Bequem, ohne den Kopf zu drehen. Jetzt nur zum richtigen Zeitpunkt in den Hang zur Mooslahner Alm cruisen und nonstop bis unten an den Waldrand durchziehen. Wer anhält, kriegt Abzug in der B-Note. Aber wer will das schon?

Felstürme bilden die Kulisse im Anstieg zur Grubascharte.

Hochalpine, relativ kurze Varianten von einem kleinen Skigebiet aus. Im Verlauf einige kürzere Flachstücke. Wegen der extremen Südlage vor allem im Frühjahr unbedingt zeitig aufbrechen.

Aufstieg: **ab 430 Hm**
Gehzeit: **ab 1:45 Std.**
Höchster P.: **2261 m**
Beste Zeit: **Januar – März**
Exposition: **Süd**
Lawinen: **mitunter gefährdet**

Leicht   Mittel   Schwer

06

Das Rofangebirge am Achensee hat einen ganz besonderen Charakter. Irgendwie erinnert es mit seinen glattgeschliffenen Felswänden an Yosemite Valley in Kalifornien. Unterhalb der Türme breitet sich ein kupiertes Gelände aus, das zahlreiche Varianten bietet. Zahlreich deshalb, weil bei den geringen Höhenunterschieden von rund 500 Metern auch zwei Anstiege am Tag problemlos möglich sind. Die ersten 1000 Höhenmeter vom Ufer des Sees herauf schwebt man bequem mit der Seilbahn. An der Bergstation könnt ihr euch erst einmal einen Überblick verschaffen, bevor es heißt „Schneeschuhe an". Tief unten schimmert dunkelblau der Achensee, dahinter wachsen die schroffen Ausläufer des Karwendel in den Himmel. Alpenidylle pur. Kein Wunder, dass sich hier oben selbst im Winter Halbschuh-Touristen im Dutzend herumtreiben. Also checken wir lieber die Tiefschneehänge Richtung Norden, und dann nichts wie weg, bevor noch ein anderer die erste Spur zeichnet. Lohnendster Anstieg: Die Seekarlspitze, für Freerider und Freestyler gleichermaßen interessant. Rampen und Cliffs am unteren, leicht bewaldeten Rücken, freie Flächen im Bereich des Gipfels. Auf dem Weg eröffnen sich weitere Varianten: Die Scharte rechts der Seekarlspitze oder das Gelände östlich der Roßköpfe. Hier könnt ihr auch einen Blick auf die für Boarder nicht empfehlenswerte Abfahrt ins Inntal hinab riskieren. Einzig der steile Gipfelhang der Rofanspitze wäre einen Abstecher wert. Die Talabfahrt zum Achensee zurück mündet bei halber Strecke auf die Piste ein.

Startort/Anfahrt **von Nord: Autobahn München — Salzburg, Ausfahrt Holzkirchen/Tegernsee. Ab dem Tegernsee weiter Richtung Achenpass/Achensee. Am langgestreckten Achensee entlang nach Maurach, zur Talstation der Rofan-Bahn.**

Startort/Anfahrt **von Süd: Autobahn Kufstein — Innsbruck, Ausfahrt Achensee. Richtung Achenpass nach Maurach, zur Talstation der Rofan-Bahn.**

Hütten: **Erfurter Hütte an der Bergstation der Rofan Seilbahn, Tel. 0043/5243/5517**

Kartenempfehlung (optional): **Österreichische Karte 1:25000, BMN 2704, Blatt 119**

Schneeinfo: **www.lawine.at, Link zu Maurach am Achensee**

Internet/Tourismusverband: **s.o., Tel. 0043/5243/5340, Fax 0043/5243/5297**

Lawinen-Info: **www.lawine.at, Tel.-Ansage 0043/512/1588, Faxabruf 0043/512/58183981**

Tourenbeschreibung u. Karte: **Seite 139**

Seekarlspitze

Varianten im Rofangebirge

Vom Rofangebirge aus bieten sich tolle Ausblicke übers Inntal.

Lohnende Snowboardtour in der Zugspitz-Region. Etwa 1000 Höhenmeter Abfahrt am Stück. Im mittleren Teil einige Engstellen durch lichten Wald.

Aufstieg: **899/1023 Hm**
Gehzeit: **3:00/3:15 Std.**
Höchster P.: **2011/2135 m**
Beste Zeit: **Dezember – März**
Exposition: **Süd**
Lawinen: **mitunter gefährdet**

Leicht   Mittel   Schwer

07

Noch gut kann ich mich an meine erste Begegnung mit dem Pfuitjöchle erinnern. Dieses rein visuelle Rendevouz sollte mich dem Thema Backcountry ein gutes Stück näher bringen. Zeit: Ein Tag in den Winterferien. Ort: Das Skigebiet von Lermoos. Massen von Wintersportlern wimmelten wie Ameisen über planierte Autobahnen, nur um sich unten wieder in zäh dahinkriechende Liftschlangen einzureihen. Pistenkollaps. Wer sein Glück einige Meter weiter im Gelände suchte, fand nach kurzer Zeit nur noch hoffnungslos zerpflügten Tiefschnee vor. Sehnsüchtig wanderte mein Blick aus dem Gedränge am Lift über die makellosen Hänge der umliegenden Berge. Und blieb neidvoll an der gegenüberliegenden Talseite hängen, wo einzelne Tourengeher ihre Spuren in endlose Powderhänge zogen. Einmal dort oben

Da staubt's – Powder satt auf der kurzen Nordvariante beim Großen Pfuitjöchle.

Startort/Anfahrt: **Autobahn München – Garmisch, ab Garmisch weiter Richtung Fernpass. In Lermoos Richtung Reutte fahren. Nach einigen Kilometern in Lähn rechts zum Bahnhof abzweigen.**
Hütten: **Unterwegs keine bewirtschafteten Hütten, Gasthöfe in Lähn oder Lermoos**
Kartenempfehlung (optional): **Österreichische Karte 1:25000, BMN 2701, Blatt 116**
Schneeinfo: **www.lawine.at, Link zu Lermoos**
Internet/Tourismusverband: **s.o., Tel. 0043/5673/2401, Fax 0043/5673/2694**
Lawinen-Info: **www.lawine.at, Tel.-Ansage 0043/512/1588, Faxabruf 0043/512/58183981**
Tourenbeschreibung u. Karte: **Seite 141**

Großes/Kleines Pfuitjöchle

1000 Höhenmeter Surfspaß

stehen! Heute gehört das Pfuitjöchle zu meinen Lieblingstouren. Ein Berg, wie zum Snowboarden geschaffen. Der Anstieg zieht sich vom Startort in einem Stück knapp 1000 Meter nach oben. Einziges Manko: Durch die extreme Südausrichtung hat man im unteren Teil oft mit schlechterer Schneequalität zu rechnen. Ab der Waldgrenze jedoch regiert im Hochwinter meist pulvriger Schnee. Es gilt nur, den perfekten Tag zu erwischen. Auf halber Strecke könnt ihr euch entweder für das etwas einfachere Kleine, oder für das Große Pfuitjöchle entscheiden. Dort endet die Tour allerdings auf dem Grat unterhalb des Felsgipfels. Wer noch Power für einen weiteren Aufstieg hat, dem seien einige Turns in die nordseitig des Grats gelegene Mulde empfohlen. Ansonsten garantieren die Hänge Freeride-Spaß bis zum Abwinken.

Am Gipfelgrat.

Kurz vor dem Tajatörl.

Hochalpine Durchquerung mit drei Anstiegen. Nur bei sicheren Verhältnissen (eher Lawinenstufe 2 als 3) oder Firn möglich. Transfer von Ehrwald nach Biberwier organisieren. Für fortgeschrittene Tourengeher.
Aufstieg: **887 Hm**
Gehzeit: **3:20 Std.**
Höchster P.: **2272 m**
Beste Zeit: **Februar – April**
Exposition: **Süd, Ost, Nord**
Lawinen: **oft gefährdet**

Leicht   Mittel   Schwer

08

Die Fahrt zur Hölle – hier könnt ihr sie erleben! Für erfahrene Tourenboarder ist die Durchquerung des Grünstein-Massivs eine Herausforderung. Die Belohnung: Traumabfahrten in einzigartiger Hochgebirgskulisse. Vor allem im Drachen- und Brendlkar, hält sich feinster Pulverschnee meist weit bis ins Frühjahr hinein. Trotz der relativ geringen Aufstiegs-Höhenmeter ist Erfahrung und eine gute Kondition erforderlich. Die Querung zum Hölltörl erfordert Trittsicherheit. Die Lawinenlage muss sich im akzeptablen Bereich befinden. Das heißt, eher Stufe zwei als drei! Für die insgesamt drei Anstiege sollte sich das Equipment in betriebssicherem Zustand befinden. Abbrechen der

Aufstieg durch die Höllreise zur Grünstein Scharte.

Startort/Anfahrt: **Autobahn München – Garmisch, ab Garmisch weiter Richtung Fernpass. Dann über Ehrwald nach Biberwier, parken an den Skiliften in Biberwier.**

Hütten: **Unterwegs keine, Gasthöfe in Biberwier und Hütten im Skigebiet Ehrwalder Alm**

Kartenempfehlung (optional): **Österreichische Karte 1:25000, BMN 2701, Blatt 116**

Schneeinfo: **www.lawine.at, Link zu Ehrwald**

Internet/Tourismusverband: **s.o., Tel. 0043/5673/2395, Fax 0043/5673/3314**

Lawinen-Info: **www.lawine.at, Tel.-Ansage 0043/512/1588, Faxabruf 0043/512/58183981**

Tourenbeschreibung u. Karte: **Seite 143**

Grünstein Umrundung

Expedition in grandioser Kulisse

Tour und Abfahren zum Startpunkt gibt es nicht! Knapp zwanzig Mark Liftkosten muss euch das Abenteuer aber Wert sein, denn ohne die Aufstiegshilfen wäre die Zeit einfach zu knapp. Nehmt unbedingt den allerersten Lift am Morgen. Der Spaß beginnt nach der kniffligen Querung zum Hölltörl: Die Fahrt hinunter zur Hölle. So heißt der Talgrund, wo sich mächtige Kare aus drei Himmelsrichtungen treffen. Bizarre Spitzen und schroffe Felswände bilden die grandiose Szenerie für das erste Freeride-Vergnügen des Tages. Dolomitenartige Türme säumen auch den zweiten Anstieg zur Grünstein Scharte. Spätestens hier wird klar, dass sich die Mühen gelohnt haben: Im Schatten der Wände glitzert endloser Powder. Tipp: Wer genügend Kraftreserven und Zeit mitbringt, kostet den fol-

Powder in der Hölle.

genden Hang bis weit über die Stufe hinaus aus, die später hinüber zum bereits sichtbaren Tajatörl führt! Zum Abschluss bietet das Brendlkar noch einmal alles, was Snowboarden ausmacht: Surf-Feeling pur! Das lässt sogar das Flachstück am Ende hinüber zur Ehrwalder Alm vergessen.

Riesiges Freeride-Revier. Freie, gut struktu-
rierte Hänge in hochalpinem Gelände. Zahl-
reiche Varianten möglich. Eine der besten
Abfahrten des Guides.
Aufstieg: **1046/1187 Hm**
Gehzeit: **3:00/3:20 Std.**
Höchster P.: **2735/2876 m**
Beste Zeit: **Januar — Mai**
Exposition: **Ost**
Lawinen: **mitunter gefährdet**

Leicht	Mittel	Schwer

09

Der bekannteste Ort im Sellrain,
so heißt dieser Teil der Stubaier
Alpen, ist sicher Kühtai. Sein Skigebiet ist zu Recht beliebt für ein hohes
Freeride-Potenzial. Ungleich höheres
Powder-Potenzial zum Nulltarif bietet
aber der Nachbarort Praxmar, sieht
man einmal von den fünf Mark Park-
platzgebühren ab. Der Flecken in
einem steilen Seitental bietet sogar
zwei nostalgisch anmutende Schlepp-
lifte. Einer Protestaktion haben wir es
zu verdanken, dass der kürzere Lift in
Richtung Lampsen Spitze nicht vor
einiger Zeit einem modernen Sessellift weichen musste. So bleibt das
weitläufige Freeride-Gelände Back-
country-Boardern vorbehalten. Lasst
euch besonders an Wochenenden
nicht von den zahlreichen Tourengehern abschrecken. Die weitläufigen
Hänge um die Lampsen Spitze bieten

**Perfektes Gelände zwischen
Lampsen Spitze und den Sattelschröfen im Hintergrund.**

Startort/Anfahrt: **Autobahn Kufstein – Innsbruck – Arlberg, Ausfahrt Kühtai/Sellrain. Über Sellrain nach Gries, dann links nach Praxmar abzweigen. Bis Praxmar teilweise sehr steil! Ketten bereithalten. Gebührenpflichtiger Parkplatz am Straßenende.**
Hütten: **Unterwegs keine, Gasthöfe am Start in Praxmar, Übernachtungsmöglichkeiten**
Kartenempfehlung (optional): **Österreichische Karte 1:25000, BMN 2706, Blatt 147**
Schneeinfo: **www.lawine.at, Link zu Kühtai**
Internet/Tourismusverband: **s.o., Tel. 0043/5239/5222, Fax 0043/5239/5255**
Lawinen-Info: **www.lawine.at, Tel.-Ansage 0043/512/1588, Faxabruf 0043/512/58183981**
Tourenbeschreibung u. Karte: **Seite 145**

Lampsen Spitze

Freeride-Paradies im Hochgebirge

schier endlose Variationsmöglichkeiten. Am besten, ihr lasst den Hauptgipfel bei Andrang rechts oder links liegen, und sucht eine eigene Line. Oder ihr geht einfach früh los. Sehr gut stehen die Chancen für unverspurten Schnee, wenn ihr euch unterhalb des Satteljochs in Richtung der Sattelschröfen haltet. Ideal wäre, zwei aufeinanderfolgende Wochentage für Lampsen Spitze und Zischgeles (▶ Tour 10) zu nutzen. Es lohnt sich, denn selten findet man derartige Traumhänge. Hier dominieren schnelle Turns mit maximalem Radius. Die Lawinengefahr hält sich an der Lampsen Spitze bei geschickter Routenwahl in Grenzen. Im Frühjahr sollte man wegen der Exposition Ost aber früh aufbrechen. Die aufgehende Sonne sorgt schnell für mitunter gefährliche Nassschneerutsche.

Im unteren Teil des Anstiegs zur Lampsen Spitze.

Pure surfin` – Turn im unteren Teil der Abfahrt vom Zischgeles.

10

Aus eigener Kraft einen Dreitausender „machen" – hier ist die Gelegenheit. Einziger Schönheitsfehler: Die letzten 70 Höhenmeter auf den felsigen Gipfel des Zischgeles verlangen leichte Kletterei. Ohne Snowboard, versteht sich. Auch wenn der Zischgeles nur als mittelschwere Tour gilt, sollte man diesen Anstieg nicht unterschätzen. Nicht in konditioneller Hinsicht, und schon gar nicht, was den letzten, etwa 500 Meter hohen Steilhang anbelangt. Mit über 35 Grad Gefälle zieht er kerzengerade gen Himmel. Das verspricht zum einen einige ultimative Turns, zum anderen ist aber erst einmal Vorsicht geboten! Im idealen Surf-Gefälle sit-

Dem Kerl scheint es wirklich Spaß zu machen...

Startort/Anfahrt: **Autobahn Kufstein – Innsbruck – Arlberg, Ausfahrt Kühtai/Sellrain. Über Sellrain nach Gries, dann links nach Praxmar abzweigen. Bis Praxmar teilweise sehr steil! Ketten bereithalten. Gebührenpflichtiger Parkplatz am Straßenende.**

Hütten: **Unterwegs keine, Gasthöfe am Start in Praxmar, Übernachtungsmöglichkeiten**

Kartenempfehlung (optional): **Österreichische Karte 1:25000, BMN 2706, Blatt 147**

Schneeinfo: **www.lawine.at, Link zu Kühtai**

Internet/Tourismusverband: **s.o., Tel. 0043/5239/5222, Fax 0043/5239/5255**

Lawinen-Info: **www.lawine.at, Tel.-Ansage 0043/512/1588, Faxabruf 0043/512/58183981**

Tourenbeschreibung u. Karte: **Seite 147**

Zischgeles Spitze

Dreitausender mit perfekter Abfahrt

zen auch die Schneebretter locker. Hinzu kommt die gefährliche Nord-Exposition. Also: Nicht unüberlegt handeln, und nach Neuschneefällen lieber sichere Verhältnisse abwarten. Platz für die eigene Linie bietet der gigantische Hang allemal. Und der Powder hält sich im Schatten der Wände fast ewig. Waren doch schon zu viele vor euch da, gibt es vom Gipfelgrat aus noch die Abfahrtsvariante durch das Sattelloch. Das im mittleren Teil etwas flachere Kar ist durch eine Felsbarriere von der Hauptabfahrt getrennt. Unten trifft man über einen schönen Osthang wieder auf die Normalroute. Insgesamt bietet der Zischgeles aber nicht so viele Variationen wie die gegenüberliegende Lampsen Spitze (▶ *Tour 9*). Bonus am Start: Der Hausberglift erspart etwa eine Stunde Anstieg. An der Berstation nach rechts zur Route queren.

Das teils 40 Grad steile Gelände im Gipfelbereich erfordert Erfahrung bei der Routenwahl und Beurteilung.

Freie Hänge findet man auf der West-Variante am Großen Galtenberg.

Kurzer Forstweg zu Beginn. Anschließend nordseitige, nicht allzu steile Hänge mit teils lichtem Wald. Letzter Aufstieg zum Gipfel meist stark windverblasen.
Aufstieg: **690 Hm**
Gehzeit: **2:00 Std.**
Höchster P.: **1850 m**
Beste Zeit: **Dezember – März**
Exposition: **Nordost**
Lawinen: **mitunter gefährdet**

Leicht   Mittel   Schwer

11

Gipfelstürmer kommen auf dieser Tour nicht unbedingt auf ihre Kosten. Powderfans hingegen schon. Die letzten 600 Höhenmeter auf den Gipfel des Großen Galtenbergs sind in der Regel so stark windverblasen, dass eine Abfahrt von da oben einer mutwilligen Zerstörung des Boards gleich käme. Das kann uns aber nur recht sein. Denn während sich die Unbeirrbaren bis zum Gipfelkreuz durchschlagen, zerpflügen wir bereits die nordseitigen, dünn bewaldeten Powderhänge im viel interessanteren unteren Teil des Bergs. Selbst eine Woche nach Neuschneefall findet man hier noch genügend Platz für die eigene Line. Zweiter Vorteil: Der verhältnismäßig kurze Anstieg ab der Kolbental Alm fordert zu einer weiteren Abfahrt geradezu heraus. Es lohnt sich! Freestyler sollten während des Aufstiegs das Gelände gut studieren.

Beim genaueren Hinsehen offenbart sich so mancher natürliche Kicker. Einziges kleines Manko der Tour: Die ersten 20 Minuten Anstieg vom Parkplatz bis zum Almgelände führen durch dichten Wald. Abfahren ist hier zum Schluss nur auf dem steilen Forstweg möglich. Spätestens an der Alm wird ein weiterer Grund sichtbar, warum es sich lohnt, diesem Revier einen Besuch abzustatten: Nach links hat man jetzt freien Blick auf die Nordwestflanke des Mareitkopfs (▶*Tour 12*). Bei absolut lawinensicheren Verhältnissen kann man dessen Gipfel von Osten her überschreiten und über den 40-Grad-Hang abfahren. Keine Gelegenheit also auf der Normalroute zum Mareitkopf, diesen Hang einzuschätzen. Wenn Ihr diese Tour später vorhabt nehmt euch jetzt einige Minuten Zeit, das Gelände dort zu studie-

Startort/Anfahrt: **Inntalautobahn Kufstein – Innsbruck, Ausfahrt Kramsach/Brixlegg, dann Richtung Alpbachtal/Inneralpbach. In Inneralpbach vor dem Gasthof „Wiedersberger Horn" links in eine schmale Straße abbiegen. Jetzt bis zum Straßenende auf einen Parkplatz bei der Loipe fahren (gebührenpflichtig).**
Hütten: **Unterwegs keine bewirtschafteten Hütten, Gasthöfe in Inneralpbach**
Kartenempfehlung (optional): **Österreichische Karte 1:25000, BMN 3701, Blatt 120**
Schneeinfo: **www.lawine.at, Link zu Alpbach/Wiedersberger Horn**
Internet/Tourismusverband: **s.o., Tel. 0043/5336/600-0, Fax 0043/5336/600-200**
Lawinen-Info: **www.lawine.at, Tel.-Ansage 0043/512/1588, Faxabruf 0043/512/58183981**
Tourenbeschreibung u. Karte: **Seite 149**

Am großen Galtenberg

Kurztrip mit Powder-Garantie

Die Nordlage konserviert am Galtenberg oft feinsten Pulverschnee.

ren. Einmal mehr zahlt sich ein kleines Fernglas aus! Achtet auf gefährliche Mulden im mittleren Hangbereich, die es zu meiden gilt. Nur für erfahrene Tourengeher! Auch die beiden Abfahrten vom Joel (▶ Tour 13) lassen sich vom Galtenberg aus einsehen. Tipp: Viel Zeit mitbringen, und auch einmal die Variante auf der Westseite des Galtenbergs ausprobieren.

Zugegeben, der anfängliche Fuß-marsch über die nur leicht steigende Forststraße nervt etwas, aber dafür habt ihr hinten am Mareitkopf auch meist eure Ruhe. Ein Check des Geländes lohnt sich auch noch, wenn die schneller zu erreichenden Hänge vorne am Joel weitgehend verspurt sind. Auf den vielfältig gegliederten Hängen ab der Aussermareit Alm hält sich Pulverschnee in nach Norden exponierten Mulden schon mal etwas länger. Ab dem Punkt wo ihr nach den vier Serpentinen den Forstweg nach rechts verlasst, solltet ihr immer ein wachsames Auge auf die Lawi-nensituation haben. Besonders zwischen der Aussermareit Alm und dem Gipfel erreichen die Steilstufen zum Teil beachtliche Steigungsprozente. Gerade die Stufen und Waldflecken machen auch den Reiz der Abfahrt aus. In dem etwas unübersichtlichen Gelände ist es einmal mehr von Vor-teil, wenn man sich bereits beim Auf-stieg die möglichen Lines einprägt. Vom Gipfel aus, der eigentlich nur eine Erhebung in dem vom Galten-berg herunterziehenden Grat dar-stellt, bietet sich am richtigen Tag noch eine extreme Variante: Die Abfahrt auf der Rückseite des Bergs hinunter zur Kolbental Alm. Gut, wer sich den Hang schon einmal von Tour 11 aus angeschaut hat. Durchgehen-des Gefälle von 35 bis 40 Grad erfor-dert hier ein fundiertes Beurteilungs-vermögen!

First Tracks – Mit Schneeschuhen kann das Spuren im Neuschnee ganz schön anstrengend sein. Auf dem Weg zur Aussermareit Alm.

Längerer Anmarsch über einen Forstweg zu einem Nebengipfel im Massiv des Galten-bergs. Teils steile Hänge im oberen Bereich. Extreme Nordwest-Variante möglich..
Aufstieg: **844 Hm**
Gehzeit: **3:00 Std.**
Höchster P.: **2004 m**
Beste Zeit: **Januar – März**
Exposition: **Südost, Nordost**
Lawinen: **mitunter gefährdet**

Leicht   Mittel   Schwer

12

Startort/Anfahrt: **Inntalautobahn Kufstein – Innsbruck, Ausfahrt Kramsach/Brixlegg, dann Richtung Alpbachtal/Inneralpbach. In Inneralpbach vor dem Gasthof „Wiedersberger Horn" links in eine schmale Straße abbiegen. Jetzt bis zum Straßenende auf einen Parkplatz bei der Loipe fahren (gebührenpflichtig).**

Hütten: **Unterwegs keine bewirtschafteten Hütten, aber Gasthöfe in Inneralpbach**

Kartenempfehlung (optional): **Österreichische Karte 1:25000, BMN 3701, Blatt 120**

Schneeinfo: **www.lawine.at, Link zu Alpbach/Wiedersberger Horn**

Internet/Tourismusverband: **s.o., Tel. 0043/5336/600-0, Fax 0043/5336/600-200**

Lawinen-Info: **www.lawine.at, Tel.-Ansage 0043/512/1588, Faxabruf 0043/512/58183981**

Tourenbeschreibung u. Karte: **Seite 151**

Mareitkopf

Abgelegener Backcountry-Gipfel

Ein licht bewaldeter Bergrücken im Alpbachtal, der zahlreiche Varianten bietet. Es ist auch ein etwas umständlicher Zugang aus dem Auffacher Skigebiet am Schatzberg möglich. Ideal geneigte Hänge.

Aufstieg: **904 Hm**
Gehzeit: **2:30 Std.**
Höchster P.: **1964 m**
Beste Zeit: **Dezember – März**
Exposition: **Südwest**
Lawinen: **kaum gefährdet**

Leicht   Mittel   Schwer

Panorama-Turn am Joel, hoch über dem Alpbachtal.

13

Joel – der Name will gar nicht so recht in die Reihe der umliegenden Berge passen. Aber auf dem Gipfel sehen wir den traurigen Grund: Eine Gedenktafel erinnert an den Bergsteiger Joel, der hier 1904 in einer Lawine sein Leben ließ. Seither ist der offizielle Name „Ackerzint" kaum mehr in Gebrauch. Zwischen dem Joel und seinem nordwestlichen

Gleich geschafft – Auf der Route über die Blaiken Alm nähert man sich dem Gipfel von Nordwesten.

Startort/Anfahrt: **Inntalautobahn Kufstein – Innsbruck, Ausfahrt Kramsach/Brixlegg, dann Richtung Alpbachtal/Inneralpbach. In Inneralpbach vor dem Gasthof „Wiedersberger Horn" links in eine schmale Straße abbiegen. Nach ca. 1,5 km und Überqueren der Alpbacher Ache beginnen links zwei Materialseilbahnen. Die rechte, kürzere Bahn ist der Startort. Wenige Parknischen.**

Hütten: **Unterwegs keine bewirtschafteten Hütten, aber Gasthöfe in Inneralpbach**

Kartenempfehlung (optional): **Österreichische Karte 1:25000, BMN 3701, Blatt 120**

Schneeinfo: **www.lawine.at, Link zu Alpbach/Wiedersberger Horn**

Internet/Tourismusverband: **s.o., Tel. 0043/5336/600-0, Fax 0043/5336/600-200**

Lawinen-Info: **www.lawine.at, Tel.-Ansage 0043/512/1588, Faxabruf 0043/512/58183981**

Tourenbeschreibung u. Karte: **Seite 153**

Joelspitze

Traumrevier für Freerider

Nachbarn Schatzberg finden Freerider ein Traumrevier an optimal geneigten Hängen. Immer wieder durchsetzt mit Waldinseln, aber meist ist genug Platz für große, schnelle Turns. Weitgehend offenes Gelände bietet die Südwest-Variante vom Gipfel des Joel in den Luegergraben. Der Preis für den ungehinderten Abfahrtsspaß ist aber dort eine potenziell höhere Lawinengefahr. Checkt also besser erst einmal die Hänge oberhalb der Blaiken Alm. Zugang zu dem Revier bieten auch die Lifte aus dem Auffacher Skigebiet in der Wildschönau. Man wandert dann von der Bergstation Schatzberg Alm zum Schatzberg, weiter über Südgipfel und Sternboden zum Joel. Frühaufsteher ziehen die ersten Spuren gleich vom Südgipfel des Schatzbergs durch breite Waldschneisen hinunter nach Inneralpbach. Eine weitere lohnende Variante führt vom Gern zur Blaiken Alm. Bei Touren vom Skigebiet aus ist aber der Wiederaufstieg zum Schatzberg einzuplanen. Bevor ihr euch am Gipfel für eine der Abfahrten entscheidet habt ihr Gelegenheit, die ▸ *Tour 11* gegenüber am Großen Galtenberg zu überblicken.

Freeriden im Zauberwald. Zwischen Schatzberg und Joel entdeckt man bei Neuschnee ein Paradies.

Fast bis zum Gipfel bewaldeter Berg. Die ideale Einsteiger-Tour kann man auch bei schlechteren Sichtverhältnissen durchführen. Früher Aufbruch empfehlenswert.

Aufstieg: **978 Hm**
Gehzeit: **2:30 Std.**
Höchster P.: **1923 m**
Beste Zeit: **Dezember – März**
Exposition: **West**
Lawinen: **kaum gefährdet**

Leicht   Mittel   Schwer

14

Die ersten Schritte im Gelände – am Feldalphorn können auch Newcomer ihren ersten Powder-Dream erleben.

Startort/Anfahrt: **Autobahn Kufstein – Innsbruck, Ausfahrt Wörgl, dann Richtung Wildschönau. Die Orte Wildschönau und Auffach passieren und etwa 100 Meter hinter dem Ortsteil Schwarzenau an der Straße parken.**

Hütten: **Unterwegs keine bewirtschafteten Hütten, aber zahlreiche Gasthöfe in Auffach**

Kartenempfehlung (optional): **Österreichische Karte 1:25000, BMN 3701, Blatt 120**

Schneeinfo: **www.lawine.at, Link zu Wildschönau/Auffach**

Internet/Tourismusverband: **s.o., Tel. 0043/5339/8255-0, Fax 0043/5339/2433**

Lawinen-Info: **www.lawine.at, Tel.-Ansage 0043/512/1588, Faxabruf 0043/512/58183981**

Tourenbeschreibung u. Karte: **Seite 155**

Feldalphorn

Gipfel für Backcountry-Einsteiger

Gut, das Feldalphorn ist nun einmal eine Tour, die sich für den ersten Ritt im Gelände eignet: Moderates Gefälle kaum über 30 Grad und nahezu problemlose Orientierung. Aber deshalb gleich zu behaupten, der Berg biete anspruchsvollen Boardern keine Möglichkeiten, Spaß zu haben, wäre grundfalsch. Überhaupt gibt es schließlich Tage, an denen man das Hochgebirge besser meidet. Ähnlich wie der Breitenstein am bayerischen Alpenrand, ist das Feldalpenhorn ein Berg für alle Fälle. Selbst bei relativ schlechter Sicht oder leichtem Schneefall bietet der Wald am Rand der Aufstiegsroute genügend Kontrast zur Orientierung. Allein werdet ihr am Horn sicher nicht sein, deshalb ist für „First-Tracks-Fans" ein früher Aufbruch angesagt. Die letzten Höhenmeter oberhalb der Prädasten Alm bergen dann doch noch die eine oder andere steilere Linie vom Gipfel. Aber Vorsicht, den Wunschberg ganz ohne Lawinengefahr gibt es nicht!

Interessant für Freestyler ist das Gebiet zwischen Gipfel und der Feld Alm. Geschwungene Kuppen und Mulden laden zum Bau eines Kickers förmlich ein - weiche Landung im Pulverschnee garantiert. Wer immer auf der Suche nach neuen Varianten ist, sollte vom Gipfel des Feldalphorns aus die Berge im Süden checken. Reichlich Powderhänge bieten die markante Pyramide des Nachbars Schwaigberghorn und das Breitlegg. Allerdings wird Boardern der Zustieg mit einer knapp zwei Kilometer langen Flachpassage im Talgrund etwas vermiest.

Leicht   Mittel   Schwer

15

Kein Gipfelzwang – Oberhalb der Scheibenschlag Niederalm finden Freestyler sicher einige Plätze zum Verweilen.

Angesichts der auf dem Anfahrtsweg zum Gerstinger Joch liegenden Mega-Skiarenen rund um Westendorf könnte man die Hoffnung auf ein paar einsame Powderturns fast verlieren. Schier endlos reiht sich ab dem Inntal Lift an Lift. Aber Gott sei Dank, es gibt sie noch: Stille Winkel in den Kitzbüheler Bergen, wo noch nicht jeder Gipfel verkabelt ist. Wo man sich zwar die Höhenmeter erarbeiten muss, aber dafür garantiert kein Wettlauf um die letzten Flecken unverspurten Tiefschnees stattfindet. Kaum biegt man in Westendorf auf die Straße ins Windachtal ein, bleibt die geldgesteuerte Liftwelt zurück. Kurve für Kurve schlängelt man sich bis ans Steinberghaus. Hier verschwindet der weitere Asphalt in der Regel unter einer fetten Schneedecke. Außer dem Gerstinger Joch beginnt am Parkplatz noch die etwas

Startort/Anfahrt: **Inntalautobahn Kufstein – Innsbruck, Ausfahrt Wörgl. Dann zunächst Richtung Kitzbühel. Einige Kilometer nach Hopfgarten die erste Abzweigung rechts nach Westendorf nehmen. Im Dorf rechts Richtung Holzham (kleines Schild). Der bald recht kurvigen Straße ins Tal der Windauer Ache folgen. Ab dem Wirtshaus Jägerhäusl schmale Straße (Maut im Sommer). Parken am Ende beim Wirtshaus Steinberghaus.**

Hütten: **Unterwegs keine bewirtschafteten Hütten, Wirtshaus Steinberghaus am Startort**

Kartenempfehlung (optional): **Österreichische Karte 1:25000, BMN 3702, Blatt 121**

Schneeinfo: **www.lawine.at, Link zu Westendorf**

Internet/Tourismusverband: **s.o., Tel. 0043/5335/2322, Fax 0043/5335/2630**

Lawinen-Info: **www.lawine.at, Tel.-Ansage 0043/512/1588, Faxabruf 0043/512/58183981**

Tourenbeschreibung u. Karte: **Seite 157**

Gerstinger Joch

Powdersurfen in den Kitzbüheler Alpen

einfachere Tour auf den Steinberg (▶ *Tour 16*). Ideal wäre, diese vor dem Gerstinger Joch zu absolvieren. Nicht am selben Tag natürlich. Vom Gipfel des Steinbergs aus kann man die gesamte Aufstiegsroute zum Gerstinger Joch überblicken und sich das etwas unübersichtliche Gelände im Bereich oberhalb der Scheibenschlag-Niederalm einprägen. Den etwa zehnminütigen Anmarsch auf dem Talweg einmal ausgenommen, könnt ihr euch auf eine sehr abwechslungsreiche Tour freuen. Konditionell aber nicht ganz ohne, denn der stattliche Höhenunterschied von über 1100 Meter will erst einmal überwunden sein. Im unteren Teil überwiegen breite Almwiesen und Waldkorridore. Ab der Alm am Ende der Materialseilbahn steilt das Gelände merklich auf. Hier schlängelt sich auch ein Forstweg nach oben, den Luftakrobaten

Nach der Arbeit folgt der Spaß – Höhenmeter vernichten im Gipfelbereich des Gerstinger Jochs.

gut als natürlichen Kicker nutzen können. Überhaupt ist das kupierte Gelände mit zahlreichen Wannen und Mulden charakteristisch für diesen Berg, besonders im Gipfelbereich ab der Baumgrenze. Freestyler werden sich freuen. Beachtet aber in puncto Lawinengefahr auch die Windverfrachtungen hier oben! In den kurzen Steilstufen ist es schon mal über 35 Grad steil.

Die letzten Höhenmeter zum Gipfel führen über freie Hänge.

Nach dem Forstweg zu Beginn ideale Snowboardtour über freie Hänge. Auch für Einsteiger gut zu meistern. Im Frühjahr wegen der Ostlage früher Aufbruch empfohlen.

Aufstieg: **1015 Hm**
Gehzeit: **2:45 Std.**
Höchster P.: **1887 m**
Beste Zeit: **Dezember – März**
Exposition: **Ost**
Lawinen: **kaum gefährdet**

Leicht   Mittel   Schwer

16

Achtung, unbekanntes Flugobjekt am Steinberg...

Startort/Anfahrt: **Inntalautobahn Kufstein – Innsbruck, Ausfahrt Wörgl. Dann zunächst Richtung Kitzbühel. Einige Kilometer nach Hopfgarten die erste Abzweigung rechts nach Westendorf nehmen. Im Dorf rechts Richtung Holzham (kleines Schild). Der bald recht kurvigen Straße ins Tal der Windauer Ache folgen. Ab dem Wirtshaus Jägerhäusl schmale Straße (Maut im Sommer). Parken am Ende beim Wirtshaus Steinberghaus.**

Hütten: **Unterwegs keine bewirtschafteten Hütten, Wirtshaus Steinberghaus am Startort**

Kartenempfehlung (optional): **Österreichische Karte 1:25000, BMN 3702, Blatt 121**

Schneeinfo: **www.lawine.at, Link zu Westendorf**

Internet/Tourismusverband: **s.o., Tel. 0043/5335/2322, Fax 0043/5335/2630**

Lawinen-Info: **www.lawine.at, Tel.-Ansage 0043/512/1588, Faxabruf 0043/512/58183981**

Tourenbeschreibung u. Karte: **Seite 159**

Steinberg

Kleiner Gipfel mit großer Abfahrt

Einmal abgesehen von dem Forstweg zu Beginn, hat der unscheinbare Gipfel des Steinbergs im Hochwinter ein kleines Freeride-Paradies zu bieten. Betrachtet den Talspaziergang einfach als Aufwärmtraining. Immerhin reicht das Gefälle aus, um am Ende zum Parkplatz zurückzugleiten. Ab der Materialseilbahn, die euch den Weg zur Oberen Steinbergalm weist, reiht sich aber ein Traumhang an den anderen. Das Idealgefälle fordert riesige Turns geradezu heraus. Freie Fahrt über die Almwiesen. Bei einer Hangneigung um die 30 Grad hält sich auch die Lawinengefahr in Grenzen. Nach Neuschneefällen im Hochwinter ist der Steinberg ein Garant für Freeride-Spaß.

Tipp: Falls ihr für später die ▶ Tour 15 aufs gegenüberliegende Gerstinger Joch plant, nehmt euch am Gipfel des Steinbergs ein paar Minuten Zeit, die

Powderturn – Glücksgefühl auf Tour

Aufstiegsroute dort zu studieren. Das vereinfacht die Orientierung im etwas unübersichtlichen Gelände des Gipfelbereichs. Wer richtig Kraft in den Beinen hat und nicht genug vom unverspurten Schnee bekommt, sollte vom Steinberg zunächst in Richtung Norden zur Streif Alm hinunter düsen. Zurück zum Gipfel stehen dann nochmals knapp 400 Höhenmeter auf dem Programm.

Von breiten Waldschneisen geprägter Gipfel gegenüber der Kitzbüheler Skiarena. Einfache Orientierung, die Aufstiegsroute ist mit Stangen markiert. Abfahrt bis zum Parkplatz.
Aufstieg: **887/1021 Hm**
Gehzeit: **2:45/3:15 Std.**
Höchster P.: **1898/2032 m**
Beste Zeit: **Dezember – März**
Exposition: **Ost**
Lawinen: **kaum gefährdet**

Leicht   Mittel   Schwer

17

Am Brechhorn zieht man seine Linie gegenüber dem mächtigen Rettenstein.

Das Brechhorn bietet sich hervorragend für einen Backcountry-Abstecher während eines Kitzbühel-Urlaubs an. Jeder braucht schließlich mal eine Erholungspause vom Gewimmel auf den Pisten der Schickeria. Und wobei erholt man sich besser, als beim Verwandeln von frischem Pulverschnee in meterhohes Spray? Mal wieder richtig durchatmen abseits von Schirmbar und Gedränge am Lift. Zudem bietet die Tour alles, was einen Snowboard-Trip ausmacht: Weite Hänge in idealem Gefälle, vor allem im oberen Bereich. Auf der stiebenden Fahrt ins Tal könnt ihr Schwung an Schwung reihen, bis vor die Autotür. Mit einem Blick fürs Gelände lassen sich einige Varianten entdecken. Und das Pan-

Startort/Anfahrt: **Inntalautobahn Kufstein – Innsbruck, Ausfahrt Wörgl. Über Hopfgarten nach Kirchberg. Alternativ über St. Johann/Kitzbühel nach Kirchberg. In Kirchberg nach Aschau abzweigen, dann bis zum Ende der Straße an der Oberland Hütte fahren. Falls geräumt, noch etwa 500 Meter weiter bis zu einem Parkplatz kurz vor der Ebenau Alm im Talgrund.**
Hütten: **Oberland Hütte (ÖAV)** kurz vor dem Startort, Ü-Möglichkeit, Tel. 0043/5357/8113
Kartenempfehlung (optional): **Österreichische Karte 1:25000, BMN 3702, Blatt 121**
Schneeinfo: **www.kitzbuehel.at.**
Internet/Tourismusverband: **s.o., Tel. 0043/5356/62155-0, Fax 0043/5356/62307**
Lawinen-Info: **www.lawine.at, Tel.-Ansage 0043/512/1588, Faxabruf 0043/512/58183981**
Tourenbeschreibung u. Karte: **Seite 161**

Brechhorn

Soulride mit Kaiser-Panorama

Cliff-Drop am Duracher Kogel, auf dem Weg zum Brechhorn Gipfel.

orama vom Wilden Kaiser bis zum Rettenstein gegenüber kann auch überzeugen. Sogar Touren-Einsteiger finden sich am Brechhorn gut zurecht. Der ÖAV hat die Aufstiegsroute zur Orientierung mit roten Pfosten markiert. Ausgangspunkt ist die Oberland Hütte im hinteren Tal der Aschauer Ache. Einige Meter flussauf beginnt der Anstieg über teils steile Wiesenhänge. Sicher, die Tour ist nicht unbedingt ein Geheimtipp, aber am richtigen Tag erlebt ihr hier euren eigenen Freeride-Traum. Wer unbedingt auf den Hauptgipfel möchte, muss eine kurze Senke in Kauf nehmen. Von dort oben erschließen sich für Experimentierfreudige weitere Varianten in Richtung Norden, über die Foissenkar Alm zur Reispal Alm.

Bald ist auch die letzte Hürde genommen. Unterhalb des Gipfelhangs.

Im unteren Bereich etwas verzwickter Anstieg über eine mächtige, teils bewaldete Westflanke. Dann jedoch fast durchgehend ideales Freeride-Gelände.

Aufstieg: **1144 Hm**
Gehzeit: **3:30 Std.**
Höchster P.: **2067 m**
Beste Zeit: **Dezember – März**
Exposition: **West**
Lawinen: **mitunter gefährdet**

Leicht   Mittel   Schwer

18

Wenn das keine Belohnung für den langen Aufstieg ist. Panorama-Ride am Schütz.

Startort/Anfahrt: **Autobahn München – Innsbruck, Ausfahrt Kufstein Süd/Kitzbühel. Über St. Johann nach Kitzbühel, weiter Richtung Paß Thurn. Parken in Jochberg, links der Straße gegenüber der Sesselbahn Wagstätt.**

Hütten: **Unterwegs keine bewirtschafteten Hütten, Gasthöfe in Jochberg**

Kartenempfehlung (optional): **Österreichische Karte 1:25000, BMN 3703, Blatt 122**

Schneeinfo: **www.kitzbuehel.at.**

Internet/Tourismusverband: **s.o., Tel. 0043/5356/62155-0, Fax 0043/5356/62307**

Lawinen-Info: **www.lawine.at, Tel.-Ansage 0043/512/1588, Faxabruf 0043/512/58183981**

Tourenbeschreibung u. Karte: **Seite 163**

Schützkogel

Traumabfahrt hoch über Kitzbühel

Steil und bewaldet baut sich der Schütz auf, wenn man vom Startpunkt an der Sesselbahn Wagstätt hinauf Richtung Gipfel blickt. Aber der erste Eindruck täuscht: Durch die Perspektive verbergen sich zahlreiche Schneisen, die eine nahezu hindernislose Abfahrt über knapp 1200 Höhenmeter freigeben. Gut, die ersten Anstiegsmeter sind etwas unübersichtlich und erfordern Spürsinn, aber oben gehören die Hänge zum Besten, was die Region Kitzbühel zum Thema Backcountry zu bieten hat. Besonders die Turns auf den steilen Flanken des Gipfelbereichs sind jeden Schweißtropfen beim Klettern wert. Auch bietet sich vom Schütz ein grandioses 360-Grad-Panorama. Wie auf einem Balkon thront man in schwindelnder Höhe über Kitzbühel. Aber kein Laut dringt herauf. Nur die schwarzen Bergdohlen kreisen wie kleine Geier über uns, hoffen auf Reste der Brotzeit. Noch ein letzter Bissen zur Stärkung, und die Schwerkraft lässt uns fast schwerelos über schier endlose Hänge talwärts surfen.

Firn im unteren Teil der Abfahrt. Keine Zeit für die Aussicht vom Kitzbüheler Horn bis zum Wilden Kaiser.

Man kann nicht immer Erster sein. Egal, Platz für die eigene Spur bietet der Kuhkaser genug.

Der Kuhkaser lässt für Snowboarder keine Wünsche offen. Herrliche, breite Hänge besonders im unteren Teil. Über 1000 Höhenmeter hindernislose Abfahrt.

Aufstieg: **1035 Hm**
Gehzeit: **3:00 Std.**
Höchster P.: **2002 m**
Beste Zeit: **Dezember – März**
Exposition: **Nord, West**
Lawinen: **mitunter gefährdet**

Leicht   Mittel   Schwer

19

Stünde der Kuhkaser nicht schon seit Jahrmillionen in den Kitzbüheler Alpen könnte man meinen, er sei extra für Snowboarder aufgetürmt worden. Kein Flachstück vermiest die Abfahrt, die Hänge meist breit wie Fußballfelder. Dazu ein Gefälle, wie fürs Freeriden geschaffen. Selbst einige Tage nach dem letzten Neuschneefall findet man am Kuhkaser Raum für die eigene Line. Der Startpunkt der Tour liegt direkt an der Hauptstraße, die von Kitzbühel zum Pass Thurn führt. Leider sind die einzigen Parkplätze in einer Parkbucht gegenüber des Gasthofs Alte Wacht sehr knapp. Der Wirt freut sich jedoch nach der Tour über eine Einkehr. Einige Stellplätze gibt es noch im Talgrund, am eigentlichen Beginn des Aufstiegs. Die schmale Straße, die vor dem Wirtshaus einige Meter nach rechts hinunter führt, ist

Startort/Anfahrt: **Autobahn München – Innsbruck, Ausfahrt Kufstein Süd/Kitzbühel. Über St. Johann nach Kitzbühel, weiter Richtung Paß Thurn. Begrenzte Parkmöglichkeiten gegenüber des Gasthofs „Alte Wacht", einige Kilometer hinter Jochberg.**
Hütten: **Unterwegs keine bewirtschafteten Hütten, Gasthof „Alte Wacht" am Startplatz**
Kartenempfehlung (optional): **Österreichische Karte 1:25000, BMN 3703, Blatt 122**
Schneeinfo: **www.kitzbuehel.at**
Internet/Tourismusverband: **s.o., Tel. 0043/5356/62155-0, Fax 0043/5356/62307**
Lawinen-Info: **www.lawine.at, Tel.-Ansage 0043/512/1588, Faxabruf 0043/512/58183981**
Tourenbeschreibung u. Karte: **Seite 165**

Kuhkaser

Perfekter Snowboard-Gipfel

aber selten ohne Ketten befahrbar. Nun kann der Gipfelsturm endlich losgehen. Die Orientierung am Kuhkaser ist zum Vergleich mit dem benachbarten Schützkogel (►*Tour 18*) einfach. Lediglich eine kurze Passage im lichten Wald auf einer Höhe von etwa 1700 Meter beeinträchtigt die Sicht etwas. Aber gerade hier findet man im Bereich der Aufstiegsspur einige traumhafte Tree-Runs. Die Exposition Nord konserviert in diesem Abschnitt den Pulverschnee zudem besonders lange. Sucht euch am besten während des Aufstiegs bereits eure Linie aus. Der freie Gipfelhang verspricht ebenfalls einige Mega-Turns. Nur im oberen Teil ist er meist etwas windverblasen. Das steile Gelände verlangt hier hohe Aufmerksamkeit in puncto Lawinengefahr.

Aussichtsreiche Gratwanderung im hinteren Glemmer Tal. Auffahrt mit Liften, dann wahlweise zwei Anstiege. Genügend Zeit einplanen! Empfehlenswert bei Firn.
Aufstieg: **714 Hm**
Gehzeit: **2:30 Std.**
Höchster P.: **1998/2062 m**
Beste Zeit: **Dezember – April**
Exposition: **West, Süd**
Lawinen: **mitunter gefährdet**

Leicht   Mittel   Schwer

20

Unterhalb des Staffkogels.

Auf dem Grat zum Spieleckkogel. Hinten rechts die Sonnspitze.

Die Daten des Monster-Ski-gebietes von Saalbach-Hinter-glemm lassen jeden Pisten-Fan vor Ehrfurcht erstarren: 60 Bahnen und 200 Abfahrtskilometer. Der Traum vom einsamen Bergdorf zerplatzt wie eine Seifenblase. Dennoch, im hin-tersten Winkel des Glemmer Tals fin-den sich noch Gipfel, die nicht gegen ihren Willen in den Skizirkus einge-meindet wurden. Das Gute daran? Man kann dem Backcountry vom Lift aus einen Besuch abstatten. So ste-hen bei der Safari über Spieleckkogel und Sonnspitze auch nur rund 700 Aufstiegsmeter etwa dem Doppelten an Abfahrtsspaß gegenüber. Die Schneeschuhe im Gepäck, schweben

Startort/Anfahrt: **Autobahn München – Innsbruck, Ausfahrt Kufstein Süd/Kitzbühel. Über St. Johann nach Saalfelden, oder von Salzburg über Lofer nach Saalfelden. Weiter Richtung Zell a. See. In Maishofen rechts ins Glemmer Tal abzweigen. Tourbeginn am Parkplatz der Sesselbahn Hochalm, einige Kilometer nach Hinterglemm.**

Hütten: **Unterwegs keine bewirtschafteten Hütten, Gasthöfe in Hinterglemm und Lengau**

Kartenempfehlung (optional): **Österreichische Karte 1:25000, BMN 3703, Blatt 122**

Schneeinfo: **Tel. 0043/(0)6541/6800-40**

Internet/Tourismusverband: **www.saalbach.com, Tel. 0043/6541/6800-68, Fax 0043/6541/6800-69**

Lawinen-Info: **www.lawine.at, Tel.-Ansage 0043/512/1588, Faxabruf 0043/512/58183981**

Tourenbeschreibung u. Karte: **Seite 167**

Spieleckkogel/Sonnspitze

Varianten abseits des Saalbacher Skizirkus

wir mit dem ersten Lift am Morgen über die gewalzten Autobahnen nach oben. Kaum 40 Minuten Gratwanderung entfernt, glitzern links drüben die makellosen Hänge am Spieleckkogel. Wem hier bereits die Puste ausgeht, der kann von dem kleinen Gipfel direkt ins Skigebiet zurückcruisen. Auf die anderen warten 600 steile Höhenmeter auf der Rückseite des Berges hinunter in den Henlab Graben. Der Westhang ist aber nicht ganz ungefährlich. Die direkte Linie vom Gipfel weist deutlich über 35 Grad auf. Cruist besser zunächst auf dem Rücken nach Süden und schwenkt dann erst nach rechts hinunter. Die flache Ausfahrt durch den Graben zurück ins Glemmer Tal ist nicht zu empfehlen! Also, Schneeschuhe an und wieder nach oben in Richtung Sonnspitze. Am Ende der Tour steht ein kurzer Fußmarsch über

Einsamer Soulride zwischen Sonnspitze und Staffkogel.

die Loipe zurück zum Straßenende in Lengau. Von hier aus mit dem Skibus zurück zum Parkplatz.

Aufstieg zum Staffkogel vor dem majestätischen Saalkogel.

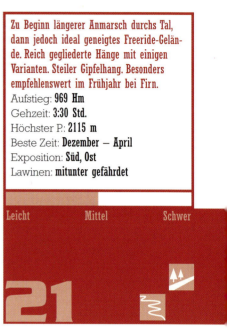

Zu Beginn längerer Anmarsch durchs Tal, dann jedoch ideal geneigtes Freeride-Gelände. Reich gegliederte Hänge mit einigen Varianten. Steiler Gipfelhang. Besonders empfehlenswert im Frühjahr bei Firn.

Aufstieg: **969 Hm**
Gehzeit: **3:30 Std.**
Höchster P.: **2115 m**
Beste Zeit: **Dezember – April**
Exposition: **Süd, Ost**
Lawinen: **mitunter gefährdet**

Leicht   Mittel   Schwer

21

Auch wenn die Anfahrt ins Glemmer Tal durch die Salzburger Region führt, die Berge am Talschluss zählen wieder zu den Kitzbüheler Alpen. Das wird spätestens auf den Gipfeln von Staffkogel und Sonnspitze klar, wenn der Blick über das mondäne „Kitz" bis zum Wilden Kaiser reicht. Von Osten her betrachtet wirkt der Staffkogel mit seiner steilen Felsflanke eher abweisend, auf seiner Rückseite versteckt sich jedoch ein weites Freeride-Gelände. Ein Besuch lohnt sich, auch wenn der 40-minütige Anmarsch von Lengau bis zur Lindling Alm sich etwas zieht. Hier gibt es zwar einen Pendelverkehr mit Pferdeschlitten, der wird aber erst gegen Mittag aufgenommen. Zu spät für Frühaufsteher, die am Staffkogel ihre ersten Lines ziehen wollen. Am Rückweg kommen die

Romantiker aber voll auf ihre Kosten. Für 70 Schilling pro Person (ab vier Personen) zockelt man im Gespann gemütlich zurück nach Lengau. Beim Aufstieg ist es ab der Lindling Alm vorbei mit dem Aufwärmtraining. Bis zum nächsten Wegpunkt an der Osman Hochalm wird das Gelände schon deutlich steiler, ab hier geht's dann richtig zur Sache. Zwischen vereinzelten Baumgruppen gewinnt man rasch an Höhe. In einigen nicht zu unterschätzenden Steilstufen ist optimale Spurwahl angesagt. In diesem Bereich könnt ihr euch schon mal auf eine Serie schöner Schwünge freuen. Den Gipfelaufbau mit seiner anspruchsvollen Südflanke bekommt man aber erst oberhalb der Baumgrenze zu Gesicht, nach einer kurzen Querung in den weiten Kessel zwischen Staffkogel und Saalkogel. Der

Startort/Anfahrt: **Autobahn München – Innsbruck, Ausfahrt Kufstein Süd/Kitzbühel. Über St. Johann nach Saalfelden, oder von Salzburg über Lofer nach Saalfelden. Weiter Richtung Zell a. See. In Maishofen rechts ins Glemmer Tal abzweigen. Parkplatz am Straßenende in Lengau.**

Hütten: **Lindling Alm, danach keine bewirtschafteten Hütten mehr**

Kartenempfehlung (optional): **Österreichische Karte 1:25000, BMN 3703, Blatt 122**

Schneeinfo: **Tel. 0043/6541/6800-40**

Internet/Tourismusverband: **www.saalbach.com, Tel. 0043/6541/6800-68, Fax 0043/6541/6800-69**

Lawinen-Info: **www.lawine.at, Tel.-Ansage 0043/512/1588, Faxabruf 0043/512/58183981**

Tourenbeschreibung u. Karte: **Seite 169**

Staffkogel

Verstecktes Freeride-Revier im Glemmer Tal

Abflugrampen gibt es unterhalb des Staffkogels genug.

Run vom Gipfel ist Adrenalin pur! Er endet in einer kleinen Mulde, wo sich im Sommer ein kleiner See befindet. **Tipp:** Von hier könnt ihr auch Richtung Osten direkt in den Henlab Graben abfahren. Die Route mündet dann in den Schlussteil der Abfahrt von der Sonnspitze (▶ *Tour 20*).

Kaum zu glauben, dass gleich hinter dem Grat der Skizirkus tobt.

Variante vom Skigebiet Königsleiten aus. Breites, nicht sehr steiles Freeride-Gelände im oberen Teil, steilere Abschnitte im lichten Wald unten. Die Exposition Nord garantiert pulvrigen Schnee.

Aufstieg: **504 Hm**
Gehzeit: **1:50 Std.**
Höchster P.: **2254 m**
Beste Zeit: **Dezember – März**
Exposition: **Nord, Nordost**
Lawinen: **kaum gefährdet**

Leicht   Mittel   Schwer

22

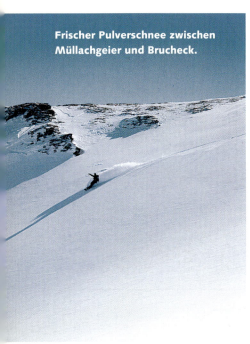

Frischer Pulverschnee zwischen Müllachgeier und Brucheck.

Schneelöcher. So nennt man die Orte wo's garantiert schneit. Auch wenn auf der Anfahrt durchs Zillertal oft grün die dominante Farbe ist, in Gerlos liegt Schnee. Verlasst euch drauf. Schneeketten gehören auf der Anfahrt zur Pflichtausstattung an Bord. Es wäre doch schade, wenn oben frischer Powder glitzert und unten die Räder durchdrehen. Warten auf das Räumfahrzeug, während am Berg die ersten Lines in makelloses Weiß graviert werden – ein Alptraum. Für Touren-Snowboarder hält besonders der Königsleitener Teil des riesigen Gebietes einige lohnende Abstecher ins Gelände auf Lager. Den Kurztrip zum Müllachgeier könnt ihr euch sogar noch nachmittags gönnen, wenn die vom Lift aus erreichbaren Powderhänge abgearbeitet sind. Wer nur die Tour machen will,

Startort/Anfahrt: **Inntalautobahn Richtung Innsbruck, Ausfahrt Zillertal. Weiter Richtung Mayr-hofen, in Zell Richtung Gerlospass abbiegen, dann über Gerlos nach Königsleiten. Parken an den Liften zur Königsleitenspitze.**

Hütten: **Im Skigebiet Königsleiten**

Kartenempfehlung (optional): **Österreichische Karte 1:25000, BMN 3702, Blatt 121**

.Schneeinfo: **Tel. 0043/5284/5427**

Internet/Tourismusverband: **www.gerlos.at, Tel. 0043/5284/52440, Fax 0043/5284/524424**

Lawinen-Info: **www.lawine.at, Tel.-Ansage 0043/512/1588, Faxabruf 0043/512/58183981**

Tourenbeschreibung u. Karte: **Seite 171**

Müllachgeier

Backcountry-Varianten in Königsleiten

löst für 125 Schilling eine Einzelfahrt auf den Königsleiten. Vom Gipfel aus sticht als erstes in nordwestlicher Richtung der Falschriedel ins ver-wöhnte Auge des Tiefschnee-Süchti-gen. Aber diesen Gipfel heben wir uns für später auf. Der Müllachgeier liegt nur einen kurzen Fußmarsch über einen abgeblasenen Rücken entfernt. Richtung Norden breitet sich das Freeride-Gelände unter euch aus. Nicht sehr steil, aber dafür in der Regel pulvrig. Highspeed ist ange-sagt. Steiler aber dafür kürzer geht's vom Brucheck hinunter, dem näch-sten Gipfel in der Verlängerung des Müllachgeiers. Unten müsst ihr euch dann aber einen Weg durch lichten Wald suchen. Oder vorher wieder aufsteigen. Reicht die Power noch für den Falschriedel? Egal, morgen ist auch noch ein Tag.

Im Hintergrund die makellosen Hänge am Brucheck.

Riesige Schneefelder unterhalb des Ronachgeiers.

Anfangs ein Forstweg, der sich jedoch am Ende der Tour gut heruntergleiten lässt. Drei lohnende Abfahrtsvarianten vom Gipfel des Ronachgeiers bzw. Baumgartgeiers.
Aufstieg: **788 Hm**
Gehzeit: **2:45 Std.**
Höchster P.: **2236 m**
Beste Zeit: **Dezember — März**
Exposition: **Ost**
Lawinen: **kaum gefährdet**

Leicht   Mittel   Schwer

23

Ob die Geier manchmal über den Gipfeln in der Region Gerlos kreisen? Wenn ja, dann hoffentlich nur, um abgestürzte Gemsen zu verspeisen. Die Aasfresser müssen wohl einmal in diesem Teil der Kitzbüheler Alpen heimisch gewesen sein. Warum sonst tragen so viele Berge in der Region ihren Namen? Für Snowboarder zeigen sich die Geier heutzutage aber nur von ihrer besten Seite. Nämlich der Ostseite, wo sich Traum-Abfahrten auf riesigen, freien Hängen breit machen. So breit, dass auf den Flächen selbst „Big Turns" winzig erscheinen. Ein kleines Manko haftet aber nahezu allen Touren im Salzachtal an: Der Waldgürtel im unteren Teil ist dicht und nur auf Wegen zu durchdringen. Aber 40 Minuten sind schnell vorbei. Zumal die Vorfreude auf die Abfahrt zu Recht den Schritt beflü-

gelt. Die Orientierung ist einfach, so dass sich auch Einsteiger gut im Gelände zurechtfinden. Spätestens oberhalb der Putz Alm wird aber auch anspruchsvollen Boardern klar, dass der Weg nicht umsonst war. Die Hänge zwischen Ronach- und Baumgartgeier gehören zum Feinsten. Zeit, die Aussicht zu genießen ist genug, denn allzu viele Konkurrenten machen euch hier den Pulverschnee sicher nicht streitig. Glockner, Großvenediger, der Alpenhauptkamm zum Greifen nah. Vom Ronachgeier führt über die Südflanke eine alternative Route ins Tal zurück. Extremisten sei die Verlängerung der Tour auf den Baumgartgeier mit seiner steilen Westflanke empfohlen. Aber Vorsicht! Diese Seite birgt das höchste Lawinenpotenzial der verschiedenen Varianten.

Startort/Anfahrt: **Inntalautobahn Richtung Innsbruck, Ausfahrt Zillertal.** Weiter Richtung Mayr-hofen, in Zell zum Gerlospass abbiegen. Durch Gerlos Richtung Mittersill, an der Abzweigung nach Königsleiten vorbei, vor der Mautstelle links Richtung Ronach abbiegen. Noch etwa 3 km bis zum Gasthof Ronach. Wenige Parkmöglichkeiten.

Hütten: **Unterwegs keine, Gasthof Ronach am Startort**

Kartenempfehlung (optional): **Österreichische Karte 1:25000, BMN 3702, Blatt 121**

Schneeinfo: **Tel. 0043/5284/5427**

Internet/Tourismusverband: **www.gerlos.at, Tel. 0043/5284/52440, Fax 0043/5284/524424**

Lawinen-Info: **www.lawine.at, Tel.-Ansage 0043/512/1588, Faxabruf 0043/512/58183981**

Tourenbeschreibung u. Karte: **Seite 173**

Ronachgeier

Big Turns im Dutzend

**Boarder-Traum – Mit einem S
den Gipfelhang zeichnen.**

Zillertal und Tuxertal – für jeden Touristen aus Übersee der Inbegriff von alpenländischer Kulisse und Jodelkultur. Wer einmal während der Ferien das Vergnügen hatte, sich im Schrittempo durch Mayrhofen zu stauen, weiß was gemeint ist. Astreine Rummelplatz-Atmosphäre. Oder am Hintertuxer Gletscher, wo massenhaft Wintersportler mit ICE-ähnlichen Aufstiegshilfen in dünnere Luft geschaufelt werden. Rauf-runter-rauf-runter, quasi ein alpines Jojo. Nun gut, jeder nach seinem Geschmack. Wir haben uns jedenfalls für einmal rauf und runter entschieden, aber dafür gescheit. Ort der meist unberührten Schneeflächen: Das Lange Wand Kar, nur wenige Kilometer Luftlinie entfernt vom kostenpflichtigen Gletschervergnügen. Das nach Norden ausgerichtete Kar ist allerdings nichts für den Hochwinter. Zu steil und damit lawinengefährlich sind die flankierenden Felswände. Das ist aber nicht weiter tragisch, denn im Frühjahr, wenn die Sonne in den Voralpen den Schnee

Die Lawinengefahr aus den flankierenden Felswänden ermöglicht die Tour erst im Frühjahr. Der Pulverschnee hält sich aber oft bis Ende April. Nichts für Einsteiger!
Aufstieg: **1400 Hm**
Gehzeit: **4:00 Std.**
Höchster P.: **2800 m**
Beste Zeit: **Februar/März – Mai**
Exposition: **Nord, Nordwest**
Lawinen: **oft gefährdet**

Leicht   Mittel   Schwer

24

bereits gefressen hat, beginnt hier der Powderspaß erst so richtig. Der lange Anstieg stellt einige Ansprüche an die Kondition und im oberen Teil auch an die Aufstiegstechnik. In der Ausrüstung sollten Harscheisen nicht fehlen. Sonst können die letzten Höhen-

Lange Schatten frühmorgens am Fuß des Kars.

Startort/Anfahrt: **Autobahn Kufstein – Innsbruck, Ausfahrt Zillertal. Durch Mayrhofen, weiter ins Tuxer Tal (Hintertuxer Gletscher), etwa 1 km hinter Lanersbach in Juns ein kleines Sträßchen links hinauf zur Guggerhütte nehmen. Hier findet ihr wenige Parkmöglichkeiten.**
Hütten: **Höllenstein Hütte, im Hochwinter geschlossen**
Kartenempfehlung (optional): **Österreichische Karte 1:25000, BMN 2708, Blatt 149**
Schneeinfo: **www.tux.at**
Internet/Tourismusverband: **www.tux.at, Tel. 0043/5287/8506, Fax 0043/5287/8508**
Lawinen-Info: **www.lawine.at, Tel.-Ansage 0043/512/1588, Faxabruf 0043/512/58183981**
Tourenbeschreibung u. Karte: **Seite 175**

Lange Wand Kar

Hochalpines Freeride-Highlight

meter zum Sattel zur unüberwindlichen Barriere werden. Wichtig ist, die Krallen rechtzeitig zu montieren. Denn steht man einmal im Hang, wird der Umbau zum gefährlichen Balanceakt. Keine Schande, wer sich das spart und gleich die immerhin 1200 Höhenmeter abfährt. Die ersten Spuren in den Schnee ritzen, während die anderen oben noch mit den Spitzkehren kämpfen. Der meist pulvrige Schnee und die mächtige, hochalpine Kulisse machen die Tour zu einem Highlight dieses Guides.

Mit Highspeed dem Schlund des Tuxer Tals entgegen .

Auf dem Weg zum Marchkopf, oberhalb der Viertel Alm. An den Westflanken des Tals hinter Hochfügen reiht sich ein Hang an den anderen.

Anfangs breiter Weg, der sich am Ende aber gut abfahren lässt (Rodelbahn). Dann bis zum Gipfel hochalpines Gelände mit Steilstufen und teils halfpipe-artigen Mulden.
Aufstieg: 939 / 1025 Hm
Gehzeit: 2:45 / 3:15 Std.
Höchster P.: 2413 / 2499 m
Beste Zeit: Januar – April
Exposition: West, Nordwest
Lawinen: mitunter gefährdet

Leicht   Mittel   Schwer

25

Wie ein Kometenschweif steht der Spray in der Luft.

Das Skigebiet von Hochfügen mutiert an schönen Wochenenden fast schon zu einem Münchner Vorort. Dicht an dicht drängen sich die Autos mit dem M im Nummernschild. Ähnliches Gedränge herrscht auf den Pisten. Genug Gründe, einmal das Backcountry rund um die Skistation unter die Lupe zu nehmen. Soviel vorweg: Es lohnt sich. Richtig viel unberührter Schnee am Stück wartet nur darauf, von euren Boards in meterhohen Spray verwandelt zu werden. Das weiße Tal liegt nur einen 30-minütigen, leicht ansteigenden Hike vom Ende des riesigen Parkplat-

Startort/Anfahrt: Inntalautobahn Kufstein – Innsbruck, Ausfahrt Zillertal. Richtung Mayrhofen, nach etwa 5 km in Fügen zum Skigebiet Hochfügen abzweigen. Der teils steilen Straße bis zum Ende folgen (Schneeketten bereithalten). Parken am hintersten Ende des großen Parkplatzes.

Hütten: Unterwegs keine, einige Restaurants am Parkplatz (Skigebiet Hochfügen)

Kartenempfehlung (optional): Öst. Karte 1:25000, BMN 2704, Bl. 119 und BMN 2708, Blatt 149

Schneeinfo: 0043/5280/204, www.lawine.at, Link zu Fügen

Internet/Tourismusverband: www.lawine.at, Tel. 0043/5288/62262, Fax 0043/5288/63070

Lawinen-Info: www.lawine.at, Tel.-Ansage 0043/512/1588, Faxabruf 0043/512/58183981

Tourenbeschreibung u. Karte: Seite 177

Marchkopf

Powdervergnügen bei Hochfügen

zes entfernt. Hat man die Pfunds Alm einmal passiert, steigt die Vorfreude auf den Ride im Pulverschnee mit jedem Schritt. Unsere beiden Ziele heißen Marchkopf und Kraxentrager (►Tour 26). Beide erheben sich links des Tals und konservieren aufgrund ihrer west/nordwest-seitigen Hänge meist pulvrigen Schnee. Zudem bietet der nähere Marchkopf mit seinen fast schon halfpipe-artigen Geländeformationen ein ideales Freestyle-Gelände. Aber auch Liebhaber von schnellen Turns kommen auf den breiten Flächen voll auf ihre Kosten. Scharf gewürzt wird das Snowboard-Menü noch mit einigen Rinnen im Gipfelbereich von Marchkopf und Seewand. Wenn ihr auch am Wochenende die ersten sein wollt, die ihre Lines in unberührten Powder ziehen, dann brecht lieber früh auf und spart euch die letzten Höhen-

Oberhalb der 2000-Meter-Grenze regiert am Marchkopf meist Pulver.

meter bis zum Kreuz. Das bringt locker eine halbe Stunde Vorsprung auf die unbelehrbaren Gipfelstürmer, für die nur das Erreichen des höchsten Punktes zählt. Dabei ist die Aussicht vom Sattel genauso gut, und Abfahren ist von den Felsen ganz oben eh nicht drin. Also lieber die Zeit für einen Soulride sinnvoll nutzen. Denn Frühaufsteher haben mehr vom Leben.

Etwas kniffliger Anstieg auf einen Nachbargipfel des Marchkopfs. Das engräumige
Gelände mit Steilstufen erfordert Beurteilungsvermögen. Abwechslungsreiche Abfahrt.

Aufstieg: **906/949 Hm**
Gehzeit: **3:00/3:15 Std.**
Höchster P.: **2380/2423 m**
Beste Zeit: **Januar – April**
Exposition: **West, Nordwest**
Lawinen: **mitunter gefährdet**

Leicht   Mittel   Schwer

26

**Ab geht's – Der Kraxentrager zeigt
in der Gipfelregion die Zähne.**

Am Nachbar des Marchkopfs
herrscht in der Regel wenig Betrieb-
samkeit. Gut, die Abfahrt ist nicht so
gleichmäßig, das Gelände engräumi-
ger, aber dafür findet man hier einige
anspruchsvolle Rinnen und Varianten. Die Anstiegsroute von Hochfügen ist bis zur Viertel Alm identisch
mit der Tour auf den Marchkopf.

Aber kurz nach den Almgebäuden
teilen sich die Wege. Zur Geländebe-
urteilung kann es von Vorteil sein, die
Tour nach dem Marchkopf zu pla-
nen. Von dort lassen sich die vor Ort
etwas unübersichtlichen Hangberei-
che am Kraxentrager ganz gut einsehen. So könnt ihr einen ersten Eindruck gewinnen. Die Steilstufen auf

Startort/Anfahrt: **Inntalautobahn Kufstein – Innsbruck, Ausfahrt Zillertal. Richtung Mayrhofen, nach etwa 5 km in Fügen zum Skigebiet Hochfügen abzweigen. Der teils steilen Straße bis zum Ende folgen (Schneeketten bereithalten). Parken am hintersten Ende des großen Parkplatzes.**
Hütten: **Unterwegs keine, einige Restaurants am Parkplatz (Skigebiet Hochfügen)**
Kartenempfehlung (optional): **Öst. Karte 1:25000, BMN 2704, Bl. 119 und BMN 2708, Blatt 149**
Schneeinfo: 0043/5280/204, www.lawine.at, Link zu Fügen
Internet/Tourismusverband: **www.lawine.at, Tel. 0043/5288/62262, Fax 0043/5288/63070**
Lawinen-Info: **www.lawine.at, Tel.-Ansage 0043/512/1588, Faxabruf 0043/512/58183981**
Tourenbeschreibung u. Karte: **Seite 179**

Kraxentrager

Einsamer Gipfel mit First-Tracks-Garantie

den oberen 300 Höhenmetern begründen, warum der Gipfel schwieriger als der Marchkopf zu meistern ist. Die oft verwechtete Passage auf dem Vorgipfel erfordert Trittsicherheit, die Querung zum Sattel hinüber eine saubere Technik. Den Balanceakt zum höchsten Punkt des Kraxentragers kann man sich sparen. Legt lieber eine Pause ein. Aber jetzt „rauf aufs Board" und Höhenmeter vernichten. Bei der Einfahrt in den ersten Hang sind die Strapazen des Aufstiegs schnell vergessen. Volle Konzentration auf die Linie, denn ganz ohne Risiko ist es hier oben nicht! Die staubende Abfahrt zurück ins Tal verläuft abseits des Aufstiegs. Keine Gelegenheit also, den Schnee vorher zu checken. Aber nach größeren Neuschneefällen solltet ihr den Kraxentrager ohnehin besser meiden.

Der scharfe Gipfelgrat ist nur etwas für Schwindelfreie. Die weiße Fläche hingegen taugt zum Freeriden.

Recht einfache Tour, die in den nach Norden geneigten Hängen oft Pulverschnee bereithält. Einige Freeride-Varianten vom Gipfel.

Aufstieg: **774 Hm**
Gehzeit: **2:15 Std.**
Höchster P.: **2244 m**
Beste Zeit: **Januar – März**
Exposition: **Nord, Nordost**
Lawinen: **kaum gefährdet**

Leicht   Mittel   Schwer

27

Der halbe Aufstieg ist geschafft. Im Hintergrund die steilen Flanken des Kuhmessers.

Fast ein Wunder, dass am Sonntagsköpfl noch kein Lift die Kassen zum Klingeln bringt. Schließen sich doch seine einladenden Hänge fast nahtlos ans Skigebiet Hochfügen an. Aber hoffen wir, dass dies auch so bleibt. Man weiß ja nie, was den Tourismus-Managern noch alles einfällt.

Statt den Aufstieg am Straßenrand, kurz vor Hochfügen zu beginnen, kann man auch der am Nordende des Parkplatzes beginnenden Loipe zum Loassattel folgen. Das sehr geringe Gefälle dürfte aber das Zurückgleiten am Ende der Tour erschweren. Aber das Tiefschnee-Revier ist schnell

Voller Genuss am Sonntagsköpfl, auch für Backcountry-Einsteiger.

Startort/Anfahrt: **Inntalautobahn Kufstein – Innsbruck, Ausfahrt Zillertal. Richtung Mayrhofen, nach etwa 5 km in Fügen rechts Richtung Skigebiet Hochfügen abzweigen. Der teils sehr steilen Straße bis kurz vor dem Ende folgen (Schneeketten bereithalten). Auf Höhe einer Folge dünn bewachsener Schneisen (nach rechts oben) am Straßenrand parken (etwa 1 km vor dem Parkplatz des Skigebiets Hochfügen).**

Hütten: **Unterwegs keine, einige Restaurants am Parkplatz (Skigebiet Hochfügen) ca. 1 km weiter**

Kartenempfehlung (optional): **Österreichische Karte 1:25000, BMN 2704, Blatt 119**

Schneeinfo: **Tel. 0043/5280/204, www.lawine.at, Link zu Fügen**

Internet/Tourismusverband: **www.lawine.at, Tel. 0043/5288/62262, Fax 0043/5288/63070**

Lawinen-Info: **www.lawine.at, Tel.-Ansage 0043/512/1588, Faxabruf 0043/512/58183981**

Tourenbeschreibung u. Karte: **Seite 181**

Sonntagsköpfl

Kurztrip in der Ostflanke des Gilfert

erreicht. Spätestens hier oben wird jedem klar, dass Soulboarden besser ist, als am Lift zu drängeln. Meistens jedenfalls. Und wer auf beides nicht verzichten will, bitteschön: Die Nähe zu Hochfügen macht's möglich. Kurz nach Sonnenaufgang die erste Line am Sonntagsköpfl setzen, danach noch ein paar Varianten im Skigebiet zerpflügen. Kann man einen Tag besser nutzen? Der Kurztrip stellt zudem keine großen Anforderungen an Kondition und Technik. Wer krasse Steilrinnen sucht, wird hier sicher nicht fündig. Liebhaber sauber gezirkelter Speedturns hingegen schon.

Highspeed im Gipfelhang – Irgendwie unterscheiden sich die Spuren von Ski und Board...

Am Gilfert geht's hoch hinaus –
Das Inntal liegt rund 2000
Meter tiefer.

Lange Tour auf einen markanten Gipfel.
Nach einer etwas langweiligen Forstwegpassage im Mittelteil erwarten euch traumhafte Hänge zum Freeriden. Auch empfehlenswert bei Firn im Frühjahr.

Aufstieg: **1223 Hm**
Gehzeit: **3:20 Std.**
Höchster P.: **2506 m**
Beste Zeit: **Januar – April**
Exposition: **Südwest**
Lawinen: **mitunter gefährdet**

Leicht   Mittel   Schwer

28

Was für eine Mühe, all die Gipfelkreuze auf die zahllosen Berge zu schleppen. Kaum eine Kuppe oder noch so abgelegene Felsnadel, auf der nicht ein Kreuz steht – dem Wetter trotzend, eisverkrustet. Der Brauch entstand in der Vergangenheit, als die Menschen Erklärungen für die rätselhaften und unberechenbaren Erscheinungen der Natur such-

ten. In der Religion fanden sie Schutz vor den existenziellen Bedrohungen wie Lawinen oder Stürme. Aber auch heute noch finden traditionelle Gipfelmessen statt. Seit jeher zieht das Kreuz die Bergsteiger magnetisch an. Nur wer es berührt hat, war wirklich oben. Dem Gilfert haben sie ein besonders mächtiges Exemplar spendiert. Zu erkennen sogar von der Inntalautobahn aus. Und das, obwohl es knapp 2000 Meter über der Talsohle steht. Eine gigantische Abfahrt, läge der Schnee doch nur bis unten hin. Aber auch von Innerst, wo der Aufstieg beginnt, sind es über 1200 Höhenmeter bis zum Gipfel der Genüsse. Ein früher Aufbruch ist empfehlenswert, besonders wenn eine Neuschneeauflage die gigantischen Hänge unter dem Kreuz aufwertet. Die Exposition nach Südwe-

Startort/Anfahrt: **Autobahn Kufstein – Innsbruck, Ausfahrt Schwaz. Wenige Kilometer auf der Bundesstraße Richtung Innsbruck. In Pill links abzweigen nach Weerberg, dann bis zum Straßenende nach Innerst fahren. Ausreichend Parkplätze (4,50 Mark Gebühr).**

Hütten: **Unterwegs keine, Gasthof am Startort in Innerst**

Kartenempfehlung (optional): **Österreichische Karte 1:25000, BMN 2704, Blatt 119**

Schneeinfo: **-**

Internet/Tourismusverband: **-**

Lawinen-Info: **www.lawine.at, Tel.-Ansage 0043/512/1588, Faxabruf 0043/512/58183981**

Tourenbeschreibung u. Karte: **Seite 183**

Gilfert

F r e e r i d e n   h o c h   ü b e r   d e m   I n n t a l

Gipfel-Ride vor der Kette der Tuxer Alpen.

sten gewährt dem Pulver im unteren Bereich bis zur Nons Alm leider kein allzu langes Leben. Dafür sinkt das Lawinenrisiko schneller auf einen akzeptablen Wert. Das Highlight: Direkt vom Gipfel hinunter zur Alm cruisen. Natürliche Wellen laden zum Cutback ein, oder einfach nur zurücklehnen, und die Schwerkraft in großen Schwüngen wirken lassen.

Die große Freiheit – endlose Hänge, so weit das Auge reicht.

Flach ansteigender Forstweg zu Beginn, dann jedoch gut 1000 Höhenmeter hindernislos auf breiten Hängen bis zum Gipfel. Ausdauer für den Anstieg erforderlich.
Aufstieg: **1249/1374 Hm**
Gehzeit: **3:30/4:00 Std.**
Höchster P.: **2600/2725 m**
Beste Zeit: **Januar – April**
Exposition: **West, Nordwest**
Lawinen: **mitunter gefährdet**

Leicht   Mittel   Schwer

29

Wie ein riesiger Graben durchzieht das Inntal die Tiroler Alpen. Die großen, nach Süden abzweigenden Täler haben klingende Namen: Zillertal, Wipptal und Ötztal. Hier stauen sich Jahr für Jahr pistenhungrige Urlauber in die namhaften Skigebiete. Für Backcountry-Fans liegt das Nirvana aber versteckt in den kleinen Einschnitten, die zwischen Innsbruck und Kufstein in die Tuxer Alpen schneiden. Eines davon ist das Tal in die Wattener Lizum. Unbequem steil zieht es von Wattens nach oben, um dann etwas flacher in einem Talkessel zu enden. Links und rechts liegt das Land der Verheißung: Freeride-Country. Zwischen der Straße und dem Hirzer steht zwar noch ein schmaler Waldgürtel, aber darüber locken rund 1000 hindernislose Höhenmeter auf megabreiten Hängen in idealem

Startort/Anfahrt: **Autobahn Kufstein – Innsbruck, Ausfahrt Wattens. Im Ortskern Wattens in Richtung „Wattenberg, Lizum" abzweigen. Die folgende schmale Bergstraße wird zwar wegen dem Militärlager am Ende auch im Winter geräumt, sie ist aber zum Teil 14% steil! Ab dem Abzweig zum Gasthaus „Säge" sind Schnee- und Eisglätte wahrscheinlich. Ketten bereithalten! Von hier noch 4,5 km bis zum Startort. Einige Parkmöglichkeiten kurz vor dem Gasthaus Haneburger.**

Hütten: **Gasthof Haneburger am Startort (Übernachtungsmöglichkeit), Tel. 0043/5224/53875**
Kartenempfehlung (optional): **Österreichische Karte 1:25000, BMN 2708, Blatt 149**
Schneeinfo: -
Internet/Tourismusverband: -
Lawinen-Info: **www.lawine.at, Tel.-Ansage 0043/512/1588, Faxabruf 0043/512/58183981**
Tourenbeschreibung u. Karte: **Seite 185**

Hirzer

Boarden in der Wattener Lizum

Gefälle! Snowboard-Gelände vom Feinsten. Ihr steht auf Turns mit 20-Meter-Radius? Kein Problem, es ist genug Platz für alle. Besonders der Gipfelhang ist jeden Schweißtropfen beim Anstieg wert. Die letzten Meter zur Bergspitze führen über einige Felsstufen. Endstation ist deshalb am besten die Schulter unterhalb des Gipfelstocks. Früh aufstehen zahlt sich am Hirzer aus, besonders nach Neuschnee oder am Wochenende. **Tipp:** Wer sich richtig austoben will, schlägt sein Basislager im Gasthof Haneburger auf. Denn außer Hirzer und Grafennspitze (▶ Tour 30) warten noch weitere Gipfel am Talschluss darauf, entdeckt zu werden.

Unterhalb des mächtigen Gipfelhangs.

Jump! Zahlreiche Kanten fordern zum Abheben auf.

Längerer Forstweg zu Beginn, der am Wochenende aber mit einem Pendeltaxi abgekürzt werden kann. Zahlreiche Kuppen und Cliffs machen die Tour interessant für Freestyler.

Aufstieg: **1080/1209 Hm**
Gehzeit: **3:00/3:30 Std.**
Höchster P.: **2490/2619 m**
Beste Zeit: **Januar – April**
Exposition: **West**
Lawinen: **mitunter gefährdet**

Leicht　　　　Mittel　　　　Schwer

30

Vorsicht, hier wird scharf geschossen! Die Tour zur Grafennspitze führt mitten durch ein militärisches Übungsgelände. Aber keine Angst, das Sperrgebiet ist an den meisten Tagen des Jahres für Backcountry-Fans frei zugänglich. Entwarnung signalisiert eine rot-weiß gestreifte Tonne neben dem Schlagbaum der Kaserne. Nur wenn sie am Masten hochgezogen ist, heißt das „Eintritt verboten". Vorbei am neidvoll dreinblickenden Wachmann tragen wir unsere Boards einige Meter durch das Lager, bevor es ins Gelände geht. **Tipp:** Wer sich die ersten 45 Minuten Anmarsch bis zum Fuß der Grafennspitze sparen will, nimmt das Pendeltaxi, das an Wochenenden zwischen dem Lager Walchen und der am Talschluss gelegenen

Lizumer Hütte verkehrt (Infos beim Hüttenwirt). Ihr dürft nur das Aussteigen auf halbem Weg nicht vergessen! Die Hütte bietet Übernachtungsmöglichkeiten und ist idealer Ausgangspunkt für weitere Touren. Die fleißigen Geher können ab der Waldgrenze einen ersten Blick auf die hoffentlich jungfräulichen Hänge zwischen Grafennspitze und Hippold werfen. Aber noch liegen knapp 1000 Höhenmeter zwischen euch und dem Powder-Vergnügen. Bei griffigen Verhältnissen stellt der lange Anstieg eher Ansprüche an die Kondition als an die Technik. Im gegliederten Gelände findet man zahlreiche angenehme Routen. Freestyler entdecken mit geübtem Auge zahlreiche Abflugrampen und Cliffs. In der Einsattelung zwischen

Startort/Anfahrt: **Autobahn Kufstein – Innsbruck, Ausfahrt Wattens. Im Ortskern Wattens in Richtung „Wattenberg, Lizum" abzweigen. Die folgende schmale Bergstraße wird zwar wegen dem Militärlager am Ende auch im Winter geräumt, sie ist aber zum Teil 14% steil! Ab dem Abzweig zum Gasthaus „Säge" sind Schnee- und Eisglätte wahrscheinlich. Ketten bereithalten! Von hier noch 5,5 km bis zum Startort. Der Straße bis zum Parkplatz vor dem Lager Walchen folgen.**

Hütten: **Gasthof Haneburger ca. 2 km vor dem Start, Tel. 0043/5224/53875, Lizumer Hütte, Tel. 0043/5224/52111**

Kartenempfehlung (optional): **Österreichische Karte 1:25000, BMN 2708, Blatt 149**

Schneeinfo: **–**

Internet/Tourismusverband: -

Lawinen-Info: **www.lawine.at, Tel.-Ansage 0043/512/1588, Faxabruf 0043/512/58183981**

Tourenbeschreibung u. Karte: **Seite 187**

Grafennspitze

Freestyle & Freeride im Sperrbezirk

den beiden Bergen müsst ihr dann entscheiden, ob sich der Gipfelsturm über den steilen, oft abgeblasenen Kamm lohnt. Der Traum ist mit Sicherheit, vom Sattel aus bereits die Schwerkraft auszunutzen, und für die erste Linie in der weißen Fläche zu sorgen.

Powdersurfen an der Grafennspitze.

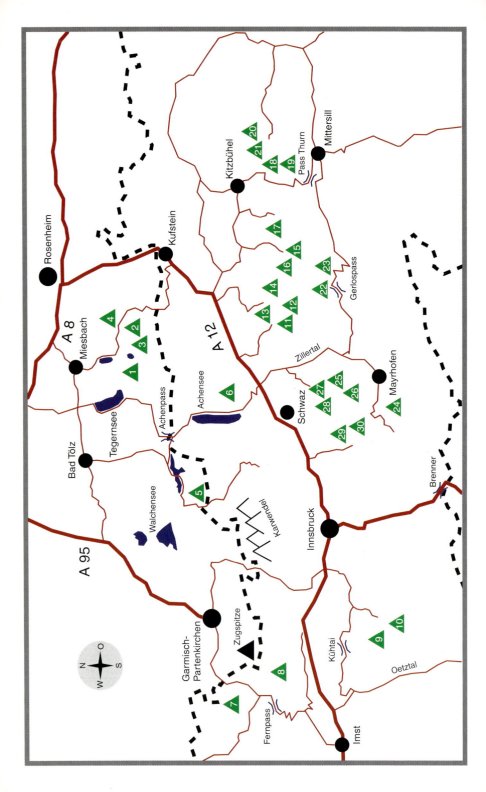

		Hm	Zeit	Sonstiges
Start 1:	Parkplatz Kurvenlift	1120	0:00	Schild: Gasthof Untere First-Alm
Punkt 2:	Untere First-Alm	1318	0:45	
Punkt 3:	Obere First-Alm	1369	0:10	
Punkt 4:	Sattel	1600	0:45	
Punkt 5:	Untere Freudenreich-Alm	1262		Abfahrt
Punkt 4:	Sattel	1600	1:00	
Punkt 3:	Obere First-Alm	1369		Abfahrt
Punkt 2:	Untere First-Alm	1318		Abfahrt
Start 1:	Parkplatz Kurvenlift	1120		Abfahrt
Punkt 2:	Alternative Nordhanglift	1398		Lift ab Untere First-Alm
Start 1:	Parkplatz Kurvenlift	1120		Abfahrt Piste

Am oberen Ende des Parkplatzes, rechts des Bachgrabens beginnt ein Forstweg (Schild: Untere First-Alm). Diesem folgt ihr bis zum Ende bei den ersten Gebäuden der Unteren First-Alm **(P 2)**.

Alternativ: Auffahrt mit dem Kurvenlift und anschließend mit dem Osthanglift. An der Bergstation nach rechts auf dem Weg zum Nordhanglift queren. Abfahrt parallel des Lifts zur Unteren First-Alm.

Oberhalb eines kurzen, stillgelegten Lifts liegt in Richtung Nordost euer nächstes Ziel, die Obere First-Alm **(P 3)**. Links an den Gebäuden vorbei, hoch auf eine kleine Ebene.

Der weitere Anstieg führt parallel des längeren, ebenfalls stillgelegten Lifts zu einem kleinen Sattel kurz vor dessen Bergstation **(P 4)**. Haltet euch zunächst am rechten Waldrand und quert im oberen Teil des Hangs nach links hinüber. Am Sattel beginnt hinter einigen Zaunpfosten die Abfahrt hinunter zur Unteren Freudenreich-Alm **(P 5)**. Wenn ihr euch nach passieren eines einzelnen Almgebäudes am schattigen linken Waldrand haltet, erwischt ihr den besten Schnee.

Beim Gebäude der Freudenreich-Alm im Talgrund rüstet ihr euch wieder zum Aufstieg. Er führt entlang der Abfahrt zurück zum Sattel **(P 4)**.

Wer auf die letzte, lohnende Abfahrt entlang des ersten Aufstiegs verzichten will, kann alternativ entlang eines weiteren stillgelegten Schleppliftes von der Freudenreich-Alm zur Oberen First-Alm zurück steigen (ca. 20 Minuten). Den anderen sei bei guter Schneelage der kurze Anstieg vom Sattel **(P 4)** zur Bergstation des langen Lifts (ca. 10 Minuten) empfohlen. Der Gipfel der Brecherspitz liegt genau in der Verlängerung des Lifts. Wer einige Meter von hier bis zum Grat geht, kann auch noch einen Blick ins steile Nordkar, hinunter zum Schliersee werfen. Bei entsprechend sicherer Lawinenlage ebenfalls eine Varianten-Abfahrt wert **(V)**.

Tipp: Nehmt am Tourende an der Unteren First-Alm für drei Mark den Nordhanglift. Das erspart euch den Forstweg zurück zum Parkplatz.

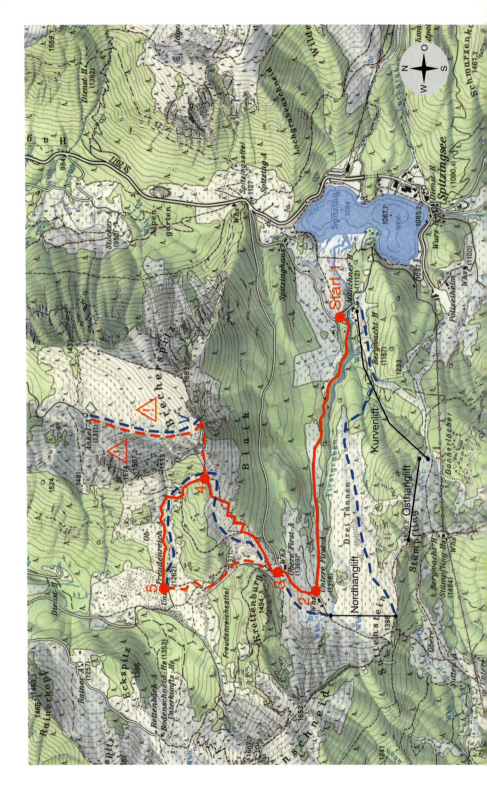

		Hm	Zeit	Sonstiges
Start 1:	Parkplatz Taubensteinbahn	1100	0:00	Abfahrtspiste Richtung Ost
Punkt 2:	Abzweig links, oberhalb Lift Talstation	1320	0:45	
Punkt 3:	Unterhalb Schönfeld-Alm	1360	0:10	Talstation Rauhkopflift
Punkt 4:	Schnittlauchmoos-Alm	1616	0:40	
Punkt 5:	Sattel (Tanzeck/Aiplspitz)	1695	0:10	
Punkt 6:	Krottenthaler Alm	1435	0:00	Abfahrt
Punkt 7:	Kleinmiesing	1666	0:50	
Punkt 6:	Krottenthaler Alm	1435	0:00	Abfahrt
Punkt 5:	Sattel (Tanzeck/Aiplspitz)	1695	0:45	
Punkt 3:	Unterhalb Schönfeld-Alm	1360	0:00	Abfahrt
Punkt 1:	Parkplatz Taubensteinbahn	1100	0:00	Abfahrt Piste

Der Anstieg beginnt auf der Piste entlang der Taubensteinbahn. Nach zweimaligem Kreuzen der Bahn passiert ihr nach einem kurzen Flachstück die Talstation eines Schlepplifts. Einige Meter bergan zweigt links ein Weg zur Schönfeld- Alm ab **(P 2)**. Nach etwa 10 Minuten steht ihr an der Talstation des Rauhkopfliftes, unterhalb der Schönfeld-Alm **(P 3)**.

Das nächste Ziel, der Gipfel des Tanzecks liegt in Richtung Nordost (M 50). Am besten geht ihr parallel zum Lift bis zur großen Scharte zwischen der Lift-Bergstation und dem Tanzeck. Dann nach links zur bereits sichtbaren Schnittlauchmoos-Alm queren **(P 4)**. Das Gebäude passieren und scharf rechts zum Grat bzw. zum flachen Gipfel des Tanzecks aufsteigen **(P 5)**. Linker Hand steht die Felspyramide der Aiplspitz. Beim Blick nach Osten seht ihr euer nächstes Ziel, den Kleinmiesing (kahler Rücken/Gipfelkuppe auf der Verlängerung des rechten Gipfelgrates der Aiplspitz). Der Aufstieg führt etwas eng und teilweise recht steil durch den lichten Wald. Abfahrt zur Krottenthaler Alm:

1. Einfacher vom breiten Sattel.
2. Steiler direkt vom Gipfel des Tanzecks durch ein immer schattiges Kar (Vorsicht!). Im Talgrund **(P 6)** orientiert ihr euch neu: Der Kleinmiesing liegt in Richtung Nordost (M 30). Die Aufstiegsroute verläuft in engen Kehren durch den lichten Wald.

Auf der runden Gipfelkuppe des Kleinmiesing **(P 7)** könnt ihr in Richtung Südost die Variantenabfahrt in den Krottenthaler Graben einsehen **(V 1)**. Ansonsten folgt die Abfahrt zurück zur Krottenthaler Alm im weiten Bereich des Aufstiegs im lichten Wald.

Der abschließende, letzte Aufstieg führt euch zurück zum Sattel zwischen Tanzeck und Aiplspitz **(P 5)**. Von hier aus im weiten Bereich des ersten Aufstiegs hinunter zum Startort.

Varianten: V 1. Vom Kleinmiesing in den Krottenthaler Graben. Abfahrt bis etwa 1300 Hm. Von hier entweder zum Gipfel zurück (ca. 45 min.), oder direkt zur Krottenthaler Alm **(P 6)** gehen (ca. 130 Hm, 20 min.). Weiter Richtung **P 5**

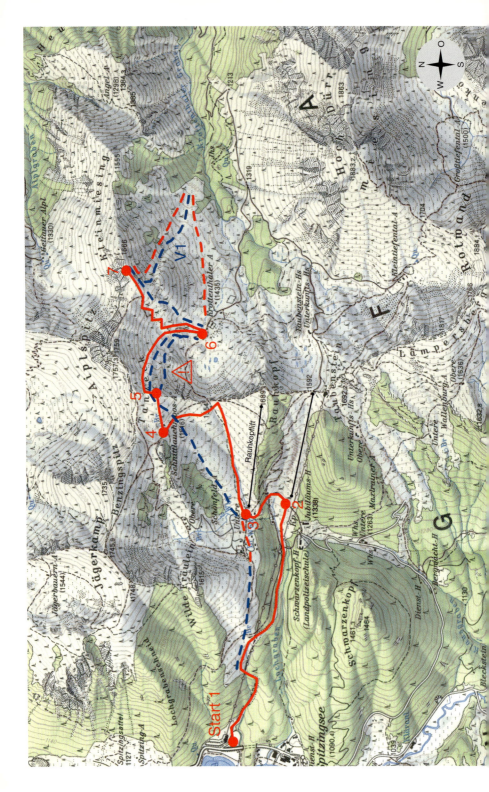

		Hm	Zeit	Sonstiges
Start 1:	Parkplatz Taubensteinbahn	1100	0:00	Piste Richtung Ost
Punkt 2:	Sattel oberhalb Schönfeld-Alm	1410	0:45	
Punkt 3:	Gipfel Wilde Fräulein	1615	0:45	
Punkt 4:	Obere Schönfeld-Alm	1370	0:00	Abfahrt
Punkt 5:	Untere Schönfeld-Alm	1400	0:15	
Alternativ ab P 3 (s. Varianten)				
Punkt 6:	Jägerkamp	1745	0:30	
Punkt 7:	Benzingspitz	1735	0:20	
Punkt 4:	Obere Schönfeld-Alm	1370	0:00	Abfahrt

Der Anstieg beginnt auf der Piste entlang der Taubensteinbahn. Nach dem ersten Steilstück und dem Kreuzen der Bahn zunächst weiter der Piste folgen. Verlasst diese dann unterhalb des Waldes geradeaus, bevor sie die Bahn abermals nach rechts kreuzt. Links von euch liegt ein freier Hang mit kleiner Baumgruppe. Er ist eine der möglichen Abfahrtsvarianten vom Gipfel des Wilden Fräuleins. Folgt dem Waldrand bis zu einem Sattel (P 2). Unterhalb vor euch liegt die bewirtschaftete Schönfeld-Alm. Bevor es bergab geht, wendet ihr euch nach links (Nord) und folgt weiter dem recht steilen, freien Hang (Rücken) hinauf. Er führt direkt zum kleinen Gipfelkreuz (P 3) des Wilden Fräuleins (oben etwas felsig).

Abfahrt: Zur Oberen Schönfeld-Alm. Zunächst zu einem kleinen Sattel in der Verlängerung des Gipfels abfahren, dann nach rechts über freieres Gelände nun steiler zu den Almen hinunter (P 4). Von hier einige Meter flach über die Untere Schönfeld-Alm (P 5) zurück ins Pistengebiet.

Varianten: V 1. Vom Gipfel könnt ihr auch entlang der Aufstiegsroute abfahren. Der freie Hang ist nicht zu unterschätzen (Lawinengefahr). Nicht direkt hinunter zur Unteren Schönfeld-Alm fahren! Hier gingen bereits mehrfach Lawinen ab.

V 2. Vom Sattel hinter dem Gipfel des Wilden Fräuleins könnt ihr die Tour geradeaus über Jägerkamp (P 6) und Benzingspitz (P 7) verlängern. Die Abfahrt führt dann über steile Südhänge zur Oberen Schönfeld-Alm (P 4). Wählt hier eure Route sehr sorgfältig aus und achtet auf das Gelände unter euch! Unterhalb der beiden höheren Gipfel befinden sich teils steile Felsabbrüche.

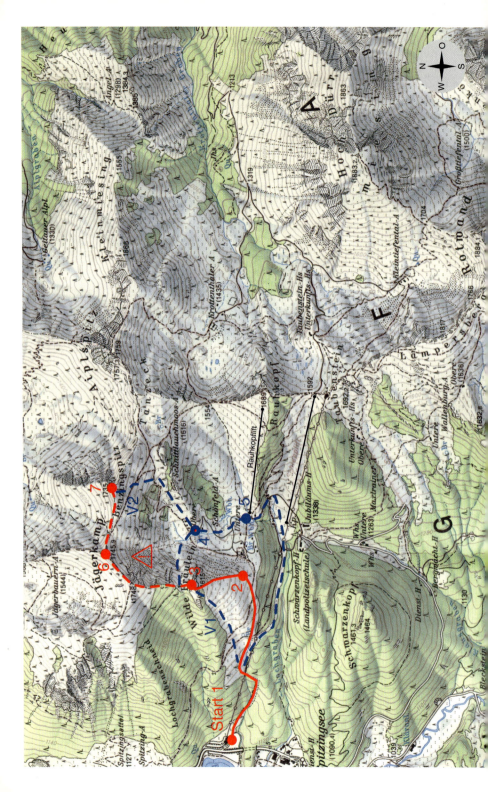

		Hm	Zeit	Sonstiges
Start 1:	Parkplatz Café Winklstüberl	800	0:00	
Punkt 2:	Wegweiser	1000	0:30	
Punkt 3:	Beginn Bücher-Almwiesen	1100	0:40	
Punkt 4:	Bücher-Alm	1250	0:20	
Punkt 5:	Felsbarriere	1420	0:40	
Punkt 6:	Unterhalb Gipfelhang	1460	0:10	
Punkt 7:	Westgipfel	1574	0:20	

Bereits am Parkplatz (Café Winklstüberl) sieht man den Gipfel des Breitenstein mit der Einsattelung rechts vom Gipfel. Man passiert sie im letzten Teil des Aufstiegs. Zur Orientierung: Ost (M 114). Ihr verlasst den Parkplatz auf dem Weg am oberen Ende, geht jedoch gleich halb links über die Wiese bis zu einem sichtbaren Zaundurchgang. Weiter im lichten Wald. Nach etwa 20 – 30 m links hinauf halten.

Nun erreicht ihr eine freie Almfläche. Auf den nächsten oberen Waldrand zuhalten (an einem Wegweiser vorbei) und bis auf Höhe der nun rechts unten liegenden Schwaiger-Alm queren. Weiter hoch in die kleine Waldschneise hinein. Bald einen Weg etwa 50 m nach rechts bergauf folgen.

Sobald sich der Wald lichtet, trefft ihr links hinauf auf einen weiteren Wegweiser **(P 2)** unterhalb einer Almwiese. Nun dem freien Hang aufwärts folgen, bis er sich abermals verengt. Am oberen Ende rechts halten, einen Zaun überqueren und auf dem bewaldeten Rücken etwa 100 Meter einem erkennbaren Weg nach rechts folgen (Sitzbank).

Nun erreicht ihr das freie Almgelände der Bücher-Alm **(P 3)**. Folgt zunächst dem schmaleren Waldkorridor in einem leichten Rechtsbogen. Das Gelände wird nun offener, und ihr passiert die Gebäude der Bücher-Alm **(P 4)**.

Weiter den breiten Hang in idealer Neigung gerade nach oben in Richtung Gipfel. Am oberen Ende des Hangs beginnt lichter Wald. Ihr erreicht eine markante Felsbarriere **(P 5)**. Unterhalb dieser Barriere quert ihr nach rechts und erreicht nach etwa 10 min. den Gipfelhang **(P 6)**. Zum Westgipfel gelangt ihr durch die sichtbare Einsattelung. Dann leicht links halten **(P 7)**.

Abfahrt: Die Abfahrt erfolgt im weiten Bereich des Aufstiegs. Haltet euch auf den Wiesen der Bücher-Alm eher auf der rechten Seite des Hangs. Meist bessere Schneequalität.

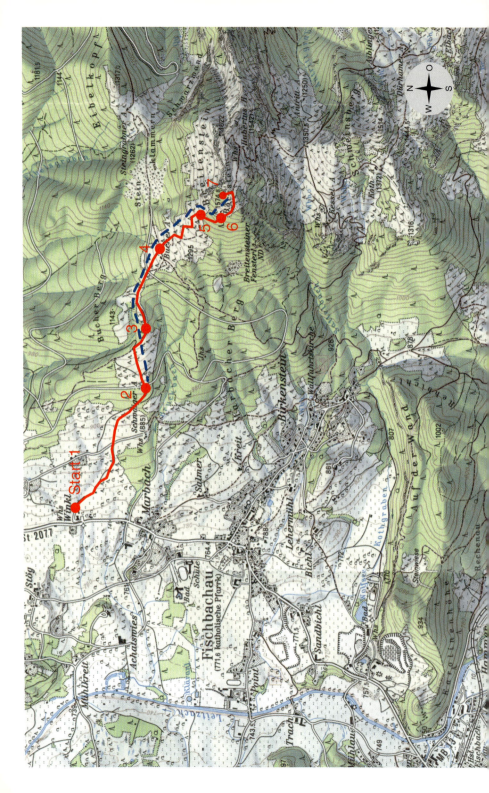

Start 1:	Forstweg kurz hinter Oswaldhütte	847	0:00	parken nur am Straßenrand mögl.
Punkt 2:	Verlassen des Forstwegs	1397	1:20	einige Holzpfosten rechts
Punkt 3:	Unterhalb Steilstufe (Westgrat)	1680	0:50	obere Waldgrenze
Punkt 4:	Vorgipfel	2080	0:50	

Der Forstweg beginnt direkt links der Straße an einer Lichtung. Schild „Radfahren verboten". Folgt dem Weg zunächst nach rechts, dann in zahlreichen Serpentinen im teilweise lichten Wald nach oben. Nach etwa einer Stunde passiert ihr eine Schranke. Durch die Baumwipfel könnt ihr bereits einen Blick auf die traumhaften Gipfelhänge werfen. Nach etwa 1:20 (1397 Hm) verlasst ihr den Weg in einer scharfen Linkskehre geradeaus **(P 2)**. Am Wegrand stehen einige Holzpfosten. Rechts verläuft ein markanter Bachlauf, der Kälbergraben. Folgt dem Einschnitt kurz etwas unwegsam am linken Rand. Nach einigen Minuten erreicht ihr das freie Gelände der Mooslahner Alm. Orientiert euch weiterhin bergauf an der Richtung des Grabens.

Nach dem ersten freien Almgelände im lichten Wald leicht links halten. Bald steht ihr unterhalb eines nach oben zum Nordwestgrat offenen, steilen Hangs.

Auf der Höhe von etwa 1700 Hm, bevor die steilste Hangpartie beginnt, nach rechts zu den letzten einzelnen Tannen queren **(P 3)**. Ihr befindet euch nun auf einer Art Rücken, auf dem ihr weiter nach oben auf das freie Gipfelplateau steigt. Längs des markanten Nordwestgrates (Achtung: Riesenwechten!) erreicht ihr den Vorgipfel **(P 4)**. Die letzten 100 Meter zum Gipfelkreuz führen über einen recht schmalen, gefährlichen Grat (nicht unbedingt zu empfehlen!).

Abfahrt: Haltet euch eher rechts, auf einem Streifen von etwa 50 m hinter der Gratwechte. Nur dann kommt ihr optimal in den Steilhang oberhalb der Mooslahner Alm hinein.

Variante: V 1. Vom Vorgipfel aus Richtung Süd/Südwest am linken Rand des Plateaus halten und in den unten sichtbaren, weiten Talgrund abfahren. Vorsicht auf Verwehungen zwischen den Latschen. Diese Variante wird selten befahren und bietet meist unberührten Schnee. Plant aber etwa 45 Minuten für den Wiederaufstieg zum Vorgipfel ein (plus 300 Hm).

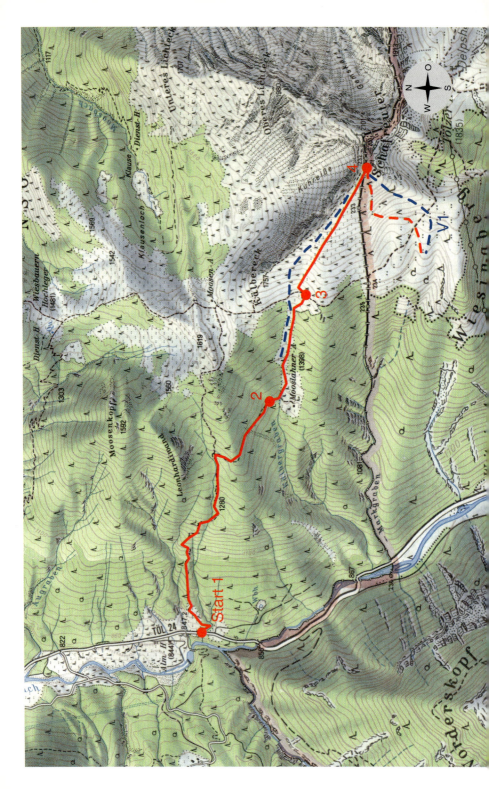

		Hm	Zeit	Sonstiges
Parkplatz an der Rofan-Seilbahn		970	0:00	Bahnauffahrt
Start 1:	Bergstation Rofan-Seilbahn	1831	0:00	Erfurter Hütte
Punkt 2:	Unterhalb einer Wanne	1840	0:15	bis hier wellig
Punkt 3:	Unterhalb Haidachstellwand	1940	0:15	vor dem Graben links
Punkt 4:	Abzweig links	1950	0:15	kleiner Talgrund
Punkt 5:	Gipfel Seekarlspitze	2261	1:00	
Variante 1				
Punkt 6:	Scharte rechts der Seekarlspitze	2170	1:00	ab P 4
Variante 2				
Punkt 7:	Grubascharte	2102	0:30	ab P 4
Punkt 8:	Zwischen Roßkopf u. Grubascharte	2160	0:15	

Für 125 Schilling bringt euch die Seilbahn bequem zum Ausgangspunkt der Tour an der Erfurter Hütte. Von der etwas erhöht auf einer Kuppe liegenden Bergstation könnt ihr euch erst einmal orientieren. In einem Linksbogen führt die Route zunächst auf etwa gleichbleibender Höhe entlang. Unterhalb eines wannenartigen Tälchens mündet eine der Abfahrtsvarianten von der Seekarlspitze **(P 2)**.

Der Aufstieg führt jedoch in Richtung Osten über einen dünn bewaldeten Rücken (Grubastiege) auf die Haidachstellwand zu. Vor einem Graben unterhalb der Wand schwenkt ihr scharf nach Norden auf die Roßköpfe zu **(P 3)**.

Aber nur wenige Meter, bis sich an geeigneter Stelle der Rücken nach links besteigen lässt, der bis zum Gipfel hinaufzieht **(P 4)**. Hier zweigen die Varianten in Richtung Nordosten zur Grubascharte ab (zunächst flaches Gelände).

Ihr verlasst den Rücken nicht bis zum Gipfel der Seekarlspitze **(P 5)**. Im oberen Teil recht steil!

Abfahrt: Die Abfahrt folgt im oberen Teil dem weiten Bereich des Aufstiegs. Später kann man wahlweise in das wannenartige Tal einschwenken, das unten beim Aufstieg gequert wurde. Dann steht allerdings ein kurzer Fußmarsch aus der Mulde heraus an. Wer direkt ins Tal abfahren will, hält sich besser immer auf dem dünn bewaldeten Rücken. An der Talstation eines Sessellifts schwenkt man in die Piste nach Maurach hinunter ein.

Varianten: V 1. Lohnend ist ein Abstecher in die Scharte rechts der Seekarlspitze. Die Aufstiegsroute zweigt nach **P 4** an geeigneter Stelle rechts ab. Abfahrt in das flache Gelände zwischen Grubastiege und Grubascharte. Ab hier leider kurze Gegenanstiege.

V 2. Am **P 4** rechts halten, das flachere Gelände in Richtung Nordost queren, und zur Grubascharte steigen **(P 7)**.

Von hier schönes Panorama über das Inntal und die Zillertaler Alpen. Abfahren von den Hängen rechts des Roßkopfes **(P 8)**. Ebenfalls kurze Gegenanstiege bzw. Flachstücke.

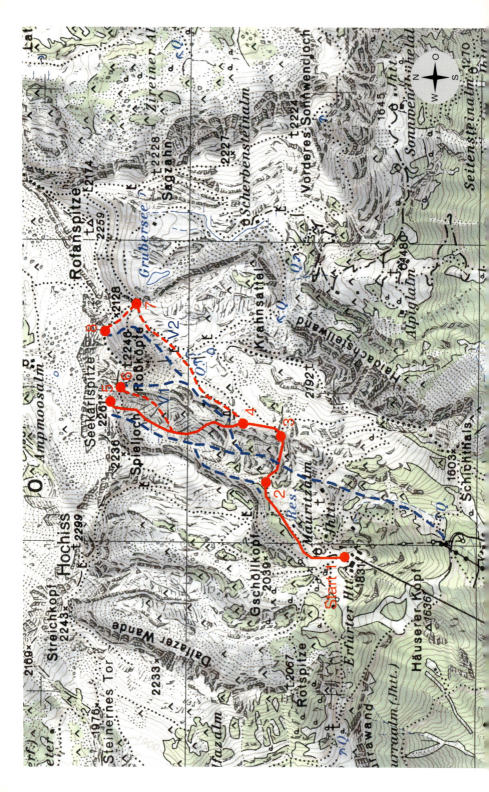

		Hm	Zeit	Sonstiges
Start 1:	Parkplatz Bahnhof Lähn	1112	0:00	einige Parkmöglichkeiten
Punkt 2:	Namenlose Hütte	1456	1:00	Schild: Bichlbacher Alm
Punkt 3:	Waldgrenze	1790	0:45	
Punkt 4:	Gr. Pfuitjöchle (unterhalb Gipfel)	2011	1:15	
Punkt 5:	Kl. Pfuitjöchle	2135	1:30	

Bereits vom Parkplatz aus zeigt sich fast die komplette Tour. Ziel sind die freien Hänge oberhalb des lichten Waldes in Richtung Nord (M 20). Nach Überqueren der Bahngleise haltet ihr euch immer auf dem dünn bewaldeten Rücken direkt nach oben.

Nach etwa einer Stunde passiert ihr auf einer großen Lichtung eine Hütte **(P 2)** (Schild: „Bichlbacher Alm") und kurz danach einige Wegweiser. Ab hier orientiert ihr euch leicht rechts und erreicht auf etwa 1600 Hm einen von oben herabziehenden, tiefen Graben. Unterhalb des Grabens quert ihr nach rechts und könnt nach einigen Metern wieder auf einem sicheren Rücken nach links weiter steigen.

Auf etwa 1790 Hm passiert ihr die Waldgrenze **(P 3)**. Hier teilen sich die Wege: Das im Aufstieg etwas leichtere Kleine Pfuitjöchle **(P 5)** liegt geradeaus, das Große Pfuitjöchle **(P 4)** erreicht ihr etwas rechts über eine Steilstufe (Lawinengefahr!). Haltet euch beim Aufstieg immer auf dem Rücken.

Nach dem Steilstück senkt sich der breite Hang bis zum Ende wieder auf ein moderates Gefälle. Wer auf den Gipfel will, muss klettern.

Abfahrt: Die Abfahrt folgt beim Großen und Kleinen Pfuitjöchle dem weiten Bereich des Aufstiegs.

Das Kleine Pfuitjöchle bietet dabei die etwas flacheren Hänge. Das abwechslungsreichste Gelände bietet sich vom Großen Pfuitjöchle im Bereich des beschriebenen Steilhangs oberhalb der Waldgrenze (Wannen und Mulden, natural halfpipes). Schont bitte im unteren Teil der Abfahrt den lichten Jungwald und haltet euch in den breiteren Schneisen!

Variante: V 1. Vom Grat unterhalb des Großen Pfuitjöchles bieten sich einige herrliche Turns in eine nordseitige Mulde an. Absolute Powder-Garantie. Vorsicht bei Triebschnee und an der Gratwechte! Für den Wiederaufstieg zum Grat etwa 20 Min. einplanen.

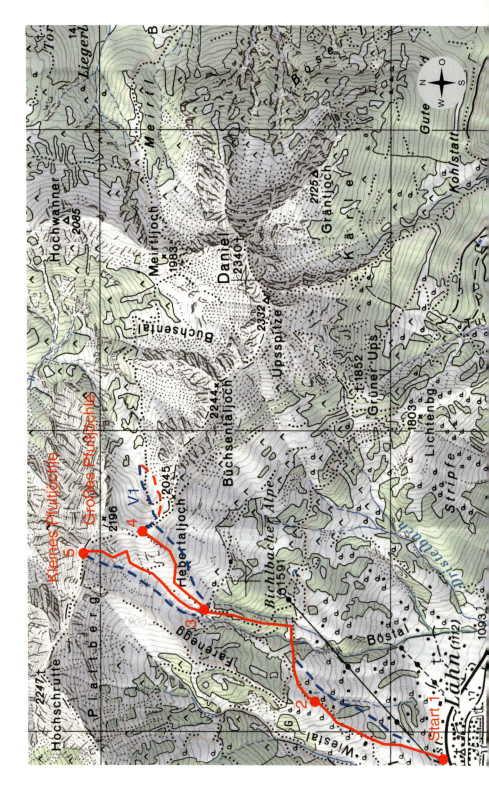

		Hm	Zeit	Sonstiges
Parkplatz Skilifte Biberwier		1020	0:00	großer Parkplatz
Start 1:	Marienbergjoch	1800	0:00	keine Aufstiegszeit (Liftbenutzung)
Punkt 2:	Hölltörl	2126	1:20	schwierige Querung
Punkt 3:	Hölle	1820	0:00	Abfahrt
Punkt 4:	Grünstein Scharte	2272	1:00	
Punkt 5:	Oberes Drachenkar	2150	0:00	Abfahrt
Punkt 6:	Hinteres Tajatörl	2259	0:30	
Punkt 7:	Loipe zur Ehrwalder Alm	1600	0:00	Abfahrt
Punkt 8:	Ehrwalder Alm	1502	0:30	Ziehweg/Abfahrt
Punkt 9:	Ehrwald	1000	0:00	Abfahrt

Reichlich Zeitreserve einplanen! Mit Hilfe von Liften gelangt ihr zunächst von Biberwier auf das Marienbergjoch **(Start 1)**. In einer Senke rechts unterhalb der Bergstation des letzten Lifts ist ein guter Platz, um aufzurüsten.

Die Tour beginnt mit einer langen Querung in Richtung Südost zum Hölltörl. Nicht durch die Wanne mit dem einzelnen Baum nach oben steigen, sondern auf Höhe der Senke um eine Kuppe queren.

Beim Passieren einiger steiler Lawinenstriche ist ab jetzt höchste Vorsicht geboten! Durch die Südausrichtung ist der Schnee hier morgens hart und die Spur in der Regel schmal und eisig. Nach Umrunden einiger Kuppen seht ihr den Einschnitt des Hölltörls. Ab einem markanten Felsblock wird das Gelände sanfter und die letzten Meter quert ihr ohne Schwierigkeiten **(P 2)**.

Die erste Abfahrt führt durch das breite Kar hinunter in die Hölle **(P 3)**. Nächstes Ziel: Die Grünstein Scharte in nordöstlicher Richtung. Gleichmäßiger Anstieg mit etwa 30 – 35 Grad. Achtung: Abstand von den Felswänden halten (Steinschlag, Eis).

In der Scharte **(P 4)** seht ihr bereits in Richtung Nordost euer nächstes Ziel, das hintere Tajatörl **(P 6)**. Die Abfahrt führt bis zu einer Geländewelle im oberen Drachenkar **(P 5)**.

Wer noch genug Kraft hat, sollte die Abfahrt ins Drachenkar verlängern **(V 1)**. Achtung: Längere Aufstiegszeit zum hinteren Tajatörl! Nicht über Drachensee und Coburger Hütte weiterfahren (lange Flachstücke).

Aufstieg zum Hinteren Tajatörl **(P 6)**. Bei der Abfahrt durchs Brendlkar eher links halten, um einige Mulden zu umfahren. Auch zum Ende hin eher links eines markanten Geländeeinschnittes bleiben. Im lichten Wald finden sich einige steile Lines. Im Talgrund stoßt ihr auf einen Querweg/Loipe **(P 7)**. Zu Fuß nach rechts, immer leicht bergauf. Ein Umbau lohnt nicht. Bald fällt die Loipe wieder, und ihr gleitet gemütlich zum Skigebiet Ehrwalder Alm hinüber **(P 8)**. Den Rest der Abfahrt nach Ehrwald hinunter auf der Piste **(P 9)**. Bleibt der Transfer hinüber nach Biberwier (Skibus nehmen, oder morgens zweites Auto deponieren).

		Hm	Zeit	Sonstiges
Start 1:	Parkplatz Praxmar	1689	0:00	großer P. am Schlepplift (5,-/Tag)
Punkt 2:	Forstwegquerung	1844	0:30	Schild: Lampsen-Spitze
Punkt 3:	Schönbichl	2344	1:30	großer Steinmann auf d. Kuppe
Punkt 4:	Satteljoch	2735	1:00	links des Gipfels
Punkt 5:	Gipfel	2876	0:20	etwas Kletterei

Der kleine Schlepplift (Sonnenlift) direkt oberhalb des Parkplatzes weist euch die Hauptrichtung.

An der Talstation vorbei zunächst schräg den Hang Richtung Nordwest hinauf (Piste). Am Rand des lichten Waldes Richtung West steiler nach oben. Ihr kreuzt mehrfach einen Forstweg, der in weiten, flachen Serpentinen nach oben zieht. Wegweiser „Lampsen-Spitze" **(P 2)**.

Nach dem lichten Wald weiter in einer großen Mulde links eines bewaldeten Rückens nach oben. Auf den folgenden weiten Flächen haltet ihr euch leicht links auf eine ausgeprägte Kuppe mit einem Steinmann zu (Schönbichl) **(P 3)**. Von dort liegt der Gipfel weiter in Richtung West. Er wird aber noch von einer Felskuppe verdeckt.

Unter Ausnutzung des Geländes weiter nach oben. Auf 2735 Meter erreicht ihr das Satteljoch **(P 4)**, links der Lampsen Spitze. Gipfelanstieg nur zu Fuß möglich **(P 5)**.

Abfahrt: Das weitläufige Gelände bietet alles, was Snowboarden ausmacht. Mulden, Kuppen, Rinnen, Cliffs und Wechten wechseln sich ab mit breiteren Freeride-Hängen. Hier könnt ihr euch links und rechts der Aufstiegsspur austoben.

Varianten: V 1. Interessant für Abstecher sind die Scharten der Sattelschröfen in südwestlicher Richtung. Dies sind keine markanten Gipfel, deshalb werden sie von Skitourengehern selten bestiegen. Hier stehen die Chancen auf unverspurten Powder recht hoch.

V 2. Ortskundige finden auch einige Lines von den Sattelschröfen hinüber zur Abfahrt vom Zischgeles.

Tipp: Zuerst auf den Zischgeles gehen (▸ Tour 10) und von dort mit dem Fernglas das Gelände an der Lampsen Spitze checken. Im unteren Teil sehr steil!

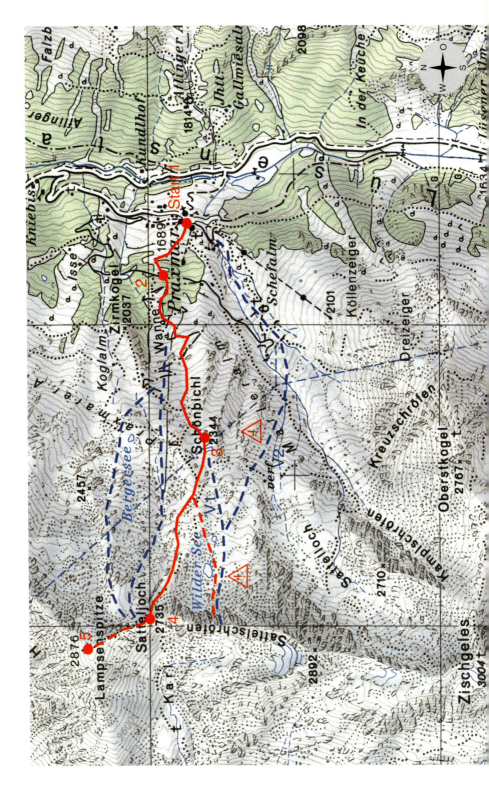

		Hm	Zeit	Sonstiges
Start 1:	Parkplatz Praxmar	1689	0:00	großer Parkplatz (5,-/Tag)
Punkt 2:	Wetterstation/Niederschlagsmesser	2215	1:30	
Punkt 3:	Grat unterhalb des Hauptgipfels	2931	2:00	
Punkt 4:	Gipfel	3004	0:20	leichte Kletterei

Zunächst rechts des Hausbergliftes den recht steilen, stufigen Hang in Richtung Südwest hinauf. Ihr passiert bald die Schefhütte und nach etwa einer Stunde lasst ihr die Bergstation des Liftes links liegen.

Alternative: Mit dem Lift nach oben (40 ÖS) und nach rechts zur Aufstiegsroute queren. Ab hier erfordert das kupierte Gelände mehr Aufmerksamkeit für die optimale Route. Die Hauptrichtung ist aber klar vorgegeben und nicht zu verfehlen.

Bei Hm 2215 passiert ihr einen Niederschlagsmesser **(P 2)**. Wenn ihr jetzt nach Westen schaut, seht ihr über den freien Rücken die Abfahrtsvariante über das Sattelloch hereinziehen. Achtet in puncto Lawinengefahr auch auf die felsdurchsetzte Flanke der Kreuzschröfen, die von links zu euch herunterzieht. Die recht steilen Hänge erfordern jetzt eine optimale Geländeausnutzung beim Anstieg. Bald wird der Blick frei auf den leicht nach links ziehenden, mächtigen Gipfelhang. Nutzt die seltenen, etwas weniger steilen Passagen im mittleren Teil.

Im oberen Teil haltet ihr euch eher links. Der Hang zieht sich über 500 Höhenmeter, bis auf den Grat kurz unterhalb des felsigen Gipfels des Zischgeles **(P 3)**. Wer die 3000er Grenze knacken will, muß aber die letzten Meter steil zu Fuß auf den Gipfel **(P 4)**.

Tipp: Steht am nächsten Tag die ▸Tour 9 (Lampsen Spitze) auf dem Programm, schaut euch von hier aus die Abfahrtsmöglichkeiten der Variante **(V 2)** an.

Abfahrt: Die Normalabfahrt folgt dem weiten Bereich des Aufstiegs.

Varianten: V 1. Direkt unterhalb des Gipfels könnt ihr in Richtung Norden in ein weiteres breites Kar, das Sattelloch einfahren. Die Variante mündet etwa auf Höhe des Niederschlagsmessers in die normale Abfahrt ein. Vom Gefälle her ist diese Abfahrt aber eher ungleichmäßig. Die letzten Steilhänge, bevor man in die Normalroute einmündet sind jedoch trotzdem einen Versuch wert.

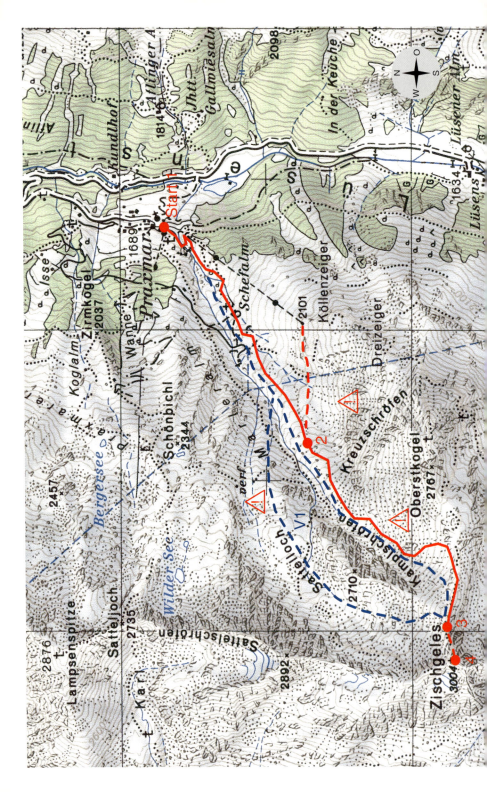

		Hm	Zeit	Sonstiges
Start 1:	Straßenende hinter Inneralpbach	1160	0:00	gr. Loipenparkplatz (25 ÖS/4,- DM)
Punkt 2:	Unteres Gebäude der Kolbental-Alm	1375	0:40	
Punkt 3:	Grat zum goßen Galtenberg	1850	1:20	

Etwa in der Mitte des langgestreckten Parkplatzes führt eine kleine Brücke in Richtung Südwest über die Alpbacher Ache. Folgt dem schmalen Forstweg in einigen Serpentinen durch den Wald. Nach etwa 20 Min. erreicht ihr freies Almgelände. Dem Weg folgend (eher etwas rechts halten) gelangt Ihr nach weiteren 20 Min. an die Gebäude der unteren Kolbental-Alm **(P 2)**. Der Weiterweg ist ab jetzt vollständig einzusehen. Gerade nach oben, durch lichten Wald dem Grat entgegen. Nutzt die Geländestufen aus.

Am Almgebäude befindet sich links ein Wegweiser in Richtung „Großer Galtenberg". Nach links über den breiten Bachgraben hinweg seht ihr die anspruchsvolle, teilweise 40 Grad steile Nordwest-Abfahrt rückwärtig vom Mareitkopf (▶Tour 12). Zum Galtenberg aber weiter in Richtung Südwest auf die vereinzelten Baumgruppen zu.

Den zum Gipfel führenden, meist stark verwechteten Grat **(P 3)** erreicht ihr nach etwa 1:20 Stunden ab der Kolbental-Alm. Über den felsigen, meist abgeblasenen Rücken ist eine Abfahrt vom Gipfel aber in der Regel nicht ratsam. Spart eure Kräfte lieber für einen weiteren Aufstieg.

Abfahrt: Im weiten Bereich des Aufstiegs, durch die einzelnen Baumgruppen zu den unteren Gebäuden der Kolbental-Alm **(P 2)**. Hier sind viele Linien möglich. Am besten das Gelände beim Aufstieg gut einprägen. Der obere Bereich lädt mit natürlichen Stufen und Kuppen zum Springen ein.

Varianten: V 1. Steileres Gelände bietet die Abfahrt direkt Richtung Ost, in den Graben zwischen **P 3** und dem Mareitkopf.

Achtung: Im oberen Teil Schneebrettgefahr durch eingeblasenen Schnee! Folgt im unteren Teil flacher dem Graben auf der rechten Seite. Ein kleiner Steg führt später links hinüber zurück zur Kolbental-Alm **(P 2)**. Kurzes Gehstück. Wer nochmals nach oben will, sollte am Steg gleich wieder zum Aufstieg umrüsten.

V 2. Man kann vom höchsten Punkt der Tour **(P 3)** auch auf der anderen Seite des Bergrückens, zur Farmkehr-Hochalm oder bis ins Tal abfahren (Exposition West). Hier findet man sowohl freie Hänge, als auch leicht bewaldete Abschnitte. Es empfiehlt sich dann aber, doch noch einige Meter auf dem Grat in Richtung des Galtenberg-Gipfels aufzusteigen.

Der optimale Einstieg liegt zwischen 1900 und 2000 Meter. Plant in diesem Fall aber den Wiederaufstieg zu P 3 ein (je nach Umkehrpunkt bis zu 700 Hm/2:00 Std.!)

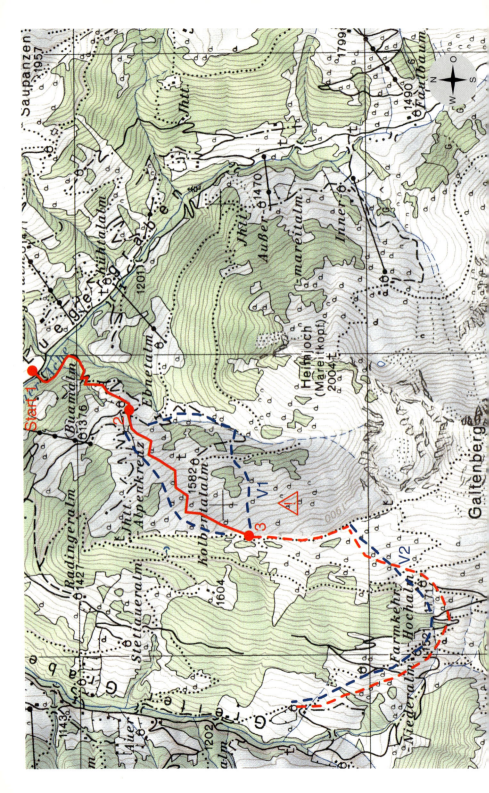

		Hm	Zeit	Sonstiges
Start 1:	Straßenende hinter Inneralpbach	1160	0:00	gr. Loipenparkplatz (25 ÖS/4,- DM)
Punkt 2:	Nach den 4 Wegkehren	1320	0:40	
Punkt 3:	Außermareit-Alm	1470	0:30	
Punkt 4:	Gipfel	2004	1:50	

Folgt für etwa zwei Kilometer der am oberen Ende des Parkplatzes beginnenden Forststraße (Später nicht über die erste Brücke rechts über die Ache! Geradeaus bleiben am Heiligenschrein vorbei). Nach der zu überquerenden zweiten Brücke überwindet die Straße eine Steilstufe in vier Kehren.

Etwa 100 Meter nach der letzten Kehre seht ihr nach rechts die freien Wiesen der Mareit-Alm **(P 2)**. Steigt jetzt einige Meter steil nach oben zum Waldrand (Südwest) und weiter unterhalb der Bäume nach links. Auf den folgenden Hängen die Richtung Südwest, schräg nach oben beibehalten. Es gilt nun, erste Steilpassagen geschickt zu meistern.

Bald erreicht ihr am Ende einer von links aus dem Graben heraufziehenden Materialseilbahn die Außermareit-Alm **(P 3)**. Das Gelände steilt oberhalb des Gebäudes merklich auf. Haltet euch zunächst weiter in Richtung Südwest, auf den markanten Gipfel des Torkopfs zu. Hier führt alternativ auch ein schwer erkennbarer Weg weiter zur Innermareit-Alm und anschließend zum Gipfel nach oben. Er wird allerdings von steilen Hängen bedroht, die vom Galtenberg herunterziehen. Wendet euch also besser nach der Außermareit-Alm direkt nach oben. Das Ziel liegt oberhalb des von breiteren Schneisen durchzogenen Waldgürtels (Richtung West). Versucht ab hier, das Gelände optimal auszunutzen und die Steilstufen so weit möglich zu umgehen. Auf etwa 1700 Meter erreicht ihr die freien Flächen des Gipfelaufbaus. Die letzten 300 Höhenmeter überwindet ihr am besten in einem leichten Rechtsbogen, auf einem zum Gipfel ziehenden Rücken entlang **(P 4)**.

Abfahrt: Im weiten Bereich des Aufstiegs findet ihr zahlreiche Abfahrtsmöglichkeiten. Von freieren Hängen im Gipfelbereich bis zu steilen Passagen im lichten Wald.

Variante: V 1. Wenn es die Verhältnisse erlauben, kann man den Gipfel überschreiten und nach Nordwesten über einen sehr steilen Hang (bis zu 40 Grad!) in den Graben unterhalb des großen Galtenbergs abfahren. Der Einstieg befindet sich nördlich des Gipfels, einige Meter den Grat hinunter. Im Talgrund mündet auch eine Abfahrtsvariante von ▶Tour 11. Folgt dem Graben abwärts, bis ihr ihn auf einem Steg nach links zur Unteren Kolbental-Alm überqueren könnt. Ab hier über einen Forstweg zurück zum Parkplatz.

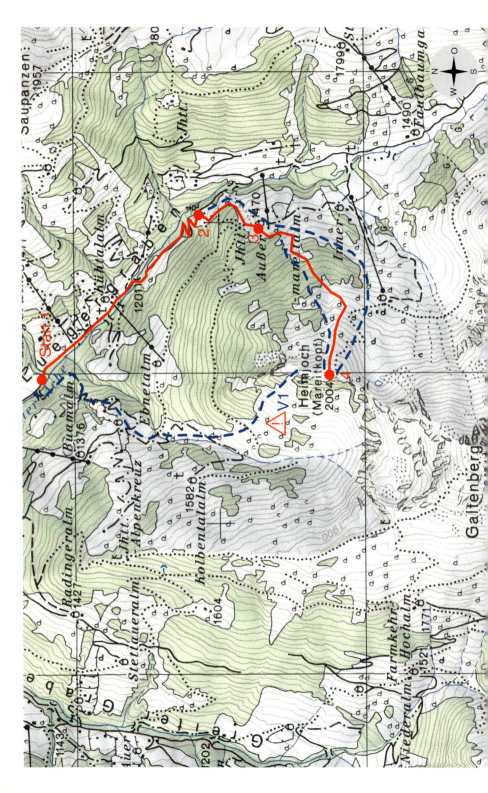

		Hm	Zeit	Sonstiges
Start 1:	Hinter Inneralpbach	1060	0:00	begrenzte Parkmöglichkeiten
Punkt 2:	Letzter Heuschober/kurze Waldpassage	1380	0:40	
Punkt 3:	Blaiken-Alm	1560	0:30	
Punkt 4:	Gipfel Joel	1964	1:20	

Eine kurze Materialseilbahn verläuft rechts eines Bachgrabens und endet oberhalb an einem Gehöft. Diesen Hof passiert ihr nach den ersten Aufstiegsmetern links und arbeitet euch dann weiter den recht breiten Hang hinauf (Fahrweg kreuzen). Leicht rechts halten und einzelne Schober passieren. Auf 1380 m erreicht ihr am Waldrand einen letzten Heuschober **(P 2)**. Hinter dem Gebäude einige Meter links durch den Wald. Jetzt befindet ihr euch auf den Wiesenhängen der Blaiken-Alm.

Auf den Gipfel zu (Ost) passiert ihr nach etwa 30 Minuten die Gebäude der Blaiken-Alm **(P 3)**. Rechts am Haus dem oberen Weg folgen, einen von Bäumen gesäumten Graben queren und weiter den breiten Hang links hinauf. In weiten Kehren zwischen einzelnen Tannen nach oben.

Rechter Hand über den nächsten Geländeeinschnitt hinweg seht ihr direkt vom Gipfel die Abfahrtsvariante in den Luegergraben herunterziehen. Wenn ihr den Rücken erreicht, zweigt nach links die Variante über den Gern zum Schatzberg ab. Die letzten Aufstiegsmeter zum Joel nach rechts **(P 4)**.

Aufstiegsvariante: Über den Luegergraben. Man parkt dann etwa einen Kilometer weiter auf dem Parkplatz am Straßenende (Gebühr). Die Aufstiegsroute führt entlang der Variantenabfahrt **(V 1)** recht steil über die Lueger Alm direkt nach oben zum Gipfel. Orientiert euch an einer Materialseilbahn, die zur Lueger-Alm führt.

Abfahrt: Entlang der Aufstiegsroute durch die einzelnen Tannen bis zum Querweg in Richtung Blaiken Alm hinunter. **Tipp:** Verlängert die Abfahrt bis zu einem tiefer verlaufenden Weg oberhalb des Waldgürtels. Dann einige Meter nach rechts zur Blaiken Alm aufsteigen.

Varianten: V 1. Direkt vom Gipfel linksseitig in den Luegergraben zur Straße hinab. Steilerer Hang (eher lawinengefährdet als zur Blaiken Alm), jedoch erfahrungsgemäß eher verspurt. Im Tal etwa einen Kilometer auf der Straße nach rechts zum Parkplatz zurück.

V 2. Statt zum Gipfel des Joel nach links zum flacheren Gern steigen. Von hier über eine Schneise zur Blaiken Alm abfahren.

Varianten vom Auffacher Skigebiet:
V 3. Von der Bergstation „Schatzberg-Alm" über den Schatzberg zum Südgipfel des Schatzbergs. Von hier über Waldschneisen nach Inneralpbach. Wiederaufstieg zum Schatzberg (800 Hm/2 Std.).
V 4. Oder weiter zum Gern. Abfahrt wie **V 2**. Wiederaufstieg zum Schatzberg.

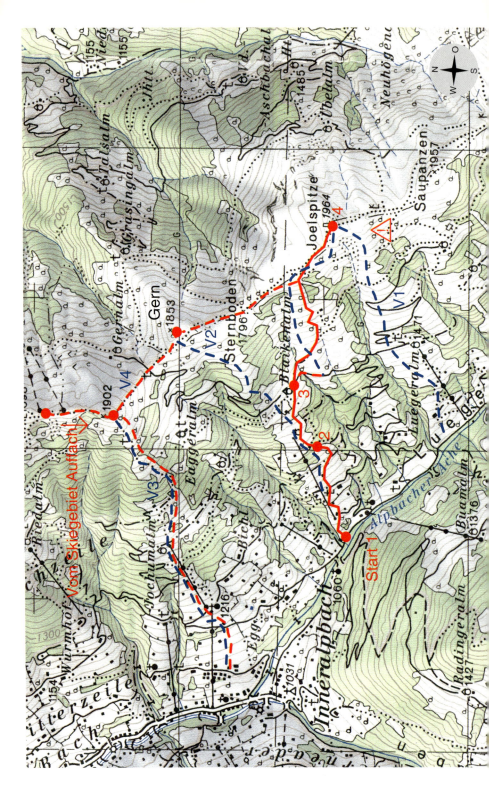

		Hm	Zeit	Sonstiges
Start 1:	Kurz hinter Schwarzenau	945	0:00	wenige Parknischen
Punkt 2:	Heiligenschrein	1228	0:40	
Punkt 3:	Dritter Tordurchlass	1400	0:25	nach ca. 100 m freies Almgelände
Punkt 4:	Prädasten-Alm	1500	0:20	
Punkt 5:	Gipfel	1923	1:05	

Die Tour beginnt etwa 100 Meter hinter dem Auffacher Ortsteil Schwarzenau. Parallel der Straße befindet sich eine oft tief verschneite Holzbrücke. Folgt dem von links herunterziehenden Bachgraben linksseitig zwischen einer markanten Kuppe und dem Waldrand in Richtung Ost.

In einem leichten Rechtsbogen erreicht ihr nach etwa 10 min. einen Tordurchlass (Wegweiser „Feldalphorn"). Unmittelbar danach geht es links den breiten Hang nach oben. Vereinzelte Almgebäude passieren. In weiten Serpentinen windet sich auch ein Forstweg den Hang hinauf, den ihr mehrfach überquert.

Am oberen Waldrand trefft ihr wieder auf den Weg. Folgt ihm kurz nach rechts bis zu einem Heiligenschrein **(P 2)**. Nach einer Linkskehre passiert ihr ein weiteres Tor. Gleich danach rechts einen steilen Weg für etwa 50 Meter durch den Wald hinauf. Jetzt immer der klar vorgegebenen Waldschneise folgen, die sich im weiteren Verlauf etwas nach links wendet. Bald trefft ihr wieder auf einen Weg. Folgt ihm nach rechts durch ein breites Tor **(P 3)**.

Nach dem kurzen Waldstück (ca. 100 m) erreicht ihr endgültig freies Almgelände. Nun aber nicht den flach ansteigenden Weg entlang, sondern direkt links hinauf Richtung

Gipfel halten. Bei 1500 Hm passiert ihr die Prädasten-Alm **(P 4)**. Ab hier ist der weitere Weg klar. Ihr folgt zunächst dem breiten Hang gerade hinauf Richtung Osten. Der Gipfelhang zieht dann rechts hinauf **(P 5)**. Links liegen in einer Mulde die Gebäude der Feld-Alm.

Abfahrt: Bei noch weitgehend unverspurtem Gelände folgt die Abfahrt am besten dem Aufstiegsweg. Im oberen Bereich ergeben sich direkt vom Gipfel aus kleine Variationsmöglichkeiten. Zum Beispiel die Abfahrt direkt am Nordwestgrat über breite Hänge zur Feld-Alm.

Varianten: V 1. Vom Gipfel Richtung West steiler durch den lichten Wald. Oberhalb der Prädasten Alm trefft ihr wieder auf den Anstiegsweg. Prägt euch diese Variante am besten bereits beim Aufstieg ein. Dann fällt bei der Abfahrt die Orientierung leichter.

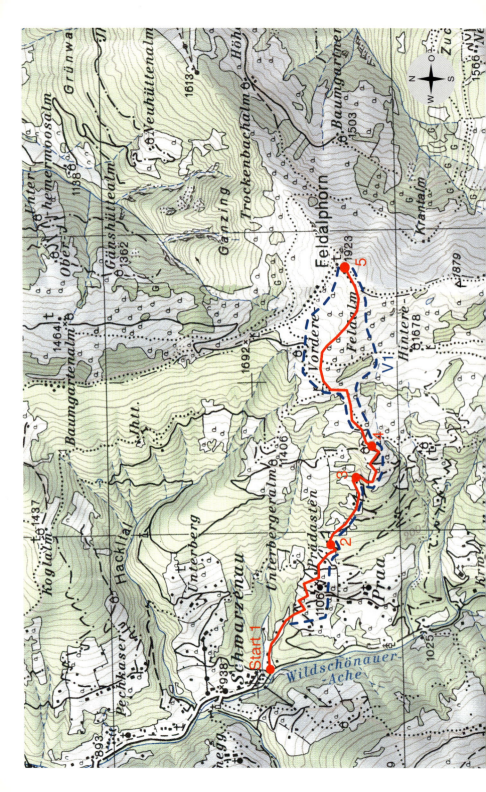

		Hm	Zeit	Sonstiges
Start 1:	Parkplatz Steinberghaus	872	0:00	Mautstraße
Punkt 2:	Steg	910	0:10	
Punkt 3:	Zaundurchgang unterhalb Wasserbühel	1029	0:20	folge d. Materialseilbahn
Punkt 4:	Zweiter Zaundurchgang	1204	0:25	
Punkt 5:	Scheibenschlag-Niederalm	1445	0:50	Ende Materialseilbahn
Punkt 6:	Querung bei Felsabbrüchen	1650	0:30	
Punkt 7:	Vorgipfel	2011	1:00	

Folgt zunächst für etwa 10 min. der taleinwärts führenden Forststraße. Dann überquert ihr auf einem schmalen Steg nach links die Windauer Ache **(P 2)**. Oberhalb des Stegs trefft ihr auf einen Weg, dem ihr kurz nach rechts und dann durch eine Linkskehre auf freies Almgelände hinaus folgt. Jetzt rechts an einem Gebäude vorbei gerade den Hang hinauf.

Ihr lasst weiter oben ein neueres Wohnhaus links liegen und steigt die sichtbare Lichtung etwas steiler aufwärts (Zaun unterhalb der Lichtung). Ihr verlasst die Lichtung oben nach links und erreicht gleich an einem Zaundurchgang wieder freies Gelände **(P 3)**.

Während des weiteren Aufstiegs könnt ihr euch zunächst an einer Materialseilbahn orientieren. Haltet euch rechts des tieferen Grabens (links liegen einige Gebäude: „Wasserbühel"). Das Almgelände geht später nach rechts in eine Schneise über. In der Mitte der Schneise stehen einige markante Tannen und Felsen. Ihr erreicht bald einen zweiten Zaundurchlass direkt oberhalb eines Bachgrabens **(P 4)**. Folgt weiter der Schneise im Linksbogen. Nach überqueren eines Forstwegs seht ihr rechts oben eine einzelne Hütte am Waldrand. Daran vorbei und die fol-

gende Steilstufe in einem weiten Rechtsbogen überwinden. Das Gelände wird nun immer offener. Geht ab hier auf den Gipfel zu (M 120). Bald erreicht ihr die Scheibenschlag-Niederalm und damit auch das Ende der Materialseilbahn **(P 5)**. Weiter über kupiertes Almgelände dem Gipfel entgegen. Etwa auf der Höhe 1650 m quert ihr unterhalb eines markanten Felsabbruchs nach rechts durch eine Art Wanne **(P 6)**. Vorbei an einem Jägersitz, dann wieder steiler links hinauf auf die freien Hänge unterhalb des Gipfelaufbaus. Hier ist optimale Ausnutzung des Geländes gefragt. Haltet euch nun leicht nach rechts auf den freien Rücken hinaus. Den Nordwestgipfel erreicht ihr, wenn ihr dem Kamm in einem Linksbogen folgt **(P 7)**.

Abfahrt: Die Abfahrt erfolgt im weiten Bereich der Aufstiegsroute.

Varianten: V 1. Statt auf den Nordwestgipfel könnt ihr auch nach der Querung **(P 6)** gerade nach oben über steile Hangabschnitte auf den zum Gipfel ziehenden Rücken aufsteigen und von hier geradlinig abfahren.

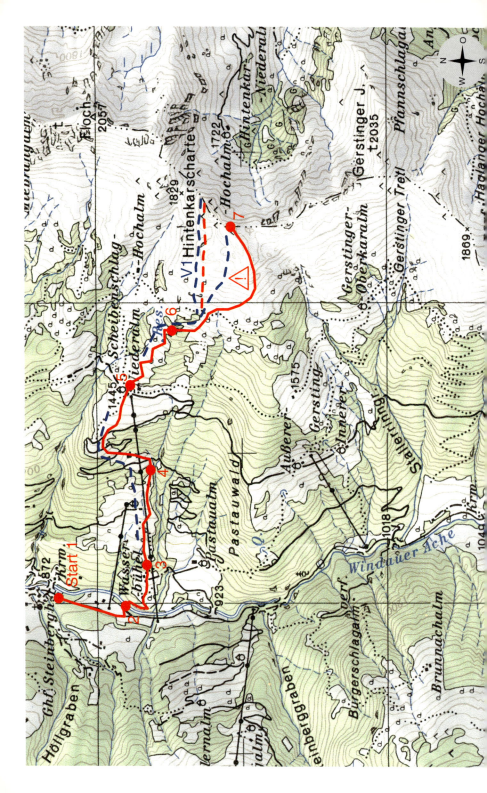

		Hm	Zeit	Sonstiges
Start 1:	Parkplatz Steinberghaus	872	0:00	Mautstraße
Punkt 2:	Talstation Materialseilbahn	930	0:25	folge d. Materialseilbahn
Punkt 3:	Forstweg Linksquerung	1190	0:35	folge d. Materialseilbahn
Punkt 4:	Obere Steinberg-Alm	1418	0:45	Ende Materialseilbahn
Punkt 5:	Gipfel	1887	1:00	

Zunächst für 25 min. der taleinwärts führenden Forststraße folgen. Nach einigen Wiesen im Talgrund beschreibt die Straße eine leichte Rechtskurve. Die Bäume werden dichter. Kurz danach beginnt rechts eine Materialseilbahn **(P 2)**. Rechts abbiegen und die Bahn queren.

Im jetzt offenen Gelände zeigt euch die Seilbahn die Richtung. Entweder ihr folgt jetzt dem in weiten Serpentinen hinaufziehenden Forstweg, oder ihr haltet euch am linken Waldrand direkter den Hang hinauf (rechts der Bahn).

Auf 1190 Hm trefft ihr wieder auf den Weg **(P 3)**. Folgt ihm etwa 100 m nach links auf die andere Seite der Bahn, dann wieder in weiten Kehren hinauf zur Oberen Steinberg-Alm **(P 4)**. Hier endet die Seilbahn. Oberhalb der Alm durchquert ihr halb links noch einen lichten Waldgürtel.

Die letzten Höhenmeter zum kleinen Gipfel führen in Richtung West über weites Gelände **(P 5)**.

Abfahrt: Die breiten Hänge bieten entlang der Aufstiegsspur einige Variationsmöglichkeiten.

Variante: V 1. Wer im Gipfelbereich nochmals aufsteigen möchte, fährt zuerst Richtung Nordost über in der Regel unbefahrene Hänge in Richtung Streif Alm. Ab dem Waldrand wieder zurück zum Gipfel aufsteigen (ca. 300 Hm/1:00 Std.).

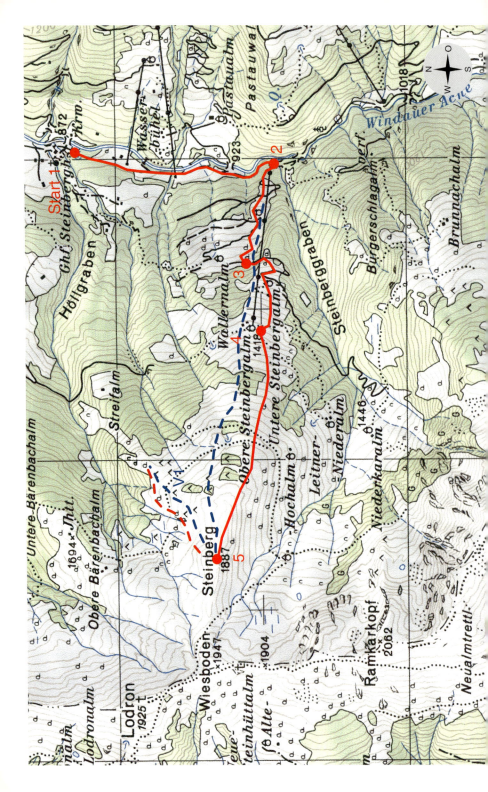

		Hm	Zeit	Sonstiges
Start 1:	Parkplatz hinter Oberland-Hütte	1011	0:00	
Punkt 2:	Durach-Alm	1410	1:15	
Punkt 3:	Duracher Kogel (Rücken)	1773	1:00	kurz flach zum Sattel
Punkt 4:	Vorgipfel (Breitlab-Alm)	1898	0:30	Abfahrt ab hier empfehlenswert
Punkt 5:	Hauptgipfel	2032	0:30	Abfahrt mit Zwischenanstieg

Ab Oberland-Hütte (falls weitere Straße nicht geräumt): Etwa 500 Meter bis zum letzten Parkplatz an der Aschauer Ache entlang zu Fuß zurücklegen. Jetzt rechts über die Brücke zu den Häusern der Ebenau Alm. Auf dem steilen Südosthang beginnt der Anstieg.

Den ersten Absatz erreicht ihr am besten in zwei raumgreifenden Links-Rechtskehren. Haltet euch dann eher Richtung Nord auf den rechten Waldrand zu. Ab jetzt weisen euch rote Markierungspfosten den Weg. Sie führen in einem großen Linksbogen zur Durach-Alm **(P 2)**. Hier endet auch eine Materialseilbahn. Hinter den Gebäuden führt der Weg über freies Gelände zunächst wieder nach rechts, dann weiter über steile Schneisen in einem Linksbogen hinauf zum Duracher Kogel **(P 3)**. Immer den Markierungen folgen. Haltet euch bis **P 3** immer am rechten Waldrand.

Am höchsten Punkt des Rückens wird der Blick frei auf die Gipfelregion. Doch zunächst flach weiter über den Rücken, in einen Sattel unterhalb des Vorgipfels. Seinen höchsten Punkt erreicht ihr am sichersten in einem großen Linksbogen **(P 4)**. Wer weiter über den Grat zum meist stark verwechteten (!) Hauptgipfel will, muss leider eine kurze Senke in Kauf nehmen **(P 5)**.

Abfahrt: Direkt vom Vorgipfel Richtung Südost in eine Senke an einer einzelnen Hütte vorbei. Jetzt nach links hinüber zur Durach-Hochalm queren, dann weiter rechts der Materialseilbahn wieder über steilere Hänge. Am Ende rechtzeitig nach links zur Aufstiegsroute halten.

Varianten: V 1. In der Senke rechts weiter an der einzelnen Hütte vorbei, kurz durch lichten Wald, dann wieder über die licht bewaldeten Hänge der Wirts-Grundalm bis fast ins Tal der Aschauer Ache. Nicht bis zum Fluss abfahren, sondern oberhalb des Waldes zur Ebenau-Alm queren. Etwas schwer zu finden.

V 2. Einige Lines lassen sich vom Duracher Kogel aus entdecken. Leider muss man bis dorthin die kurze Querung ab dem Sattel akzeptieren. Vom höchsten Punkt aus dann entweder weiter entlang der Aufstiegsroute oder rechts durch lichten Wald direkter zur Durach-Hochalm hinunter. Diese Strecke wird wegen der kurzen Querung auf dem Rücken meist weniger befahren, bietet aber nicht weniger schöne Freeride-Hänge.

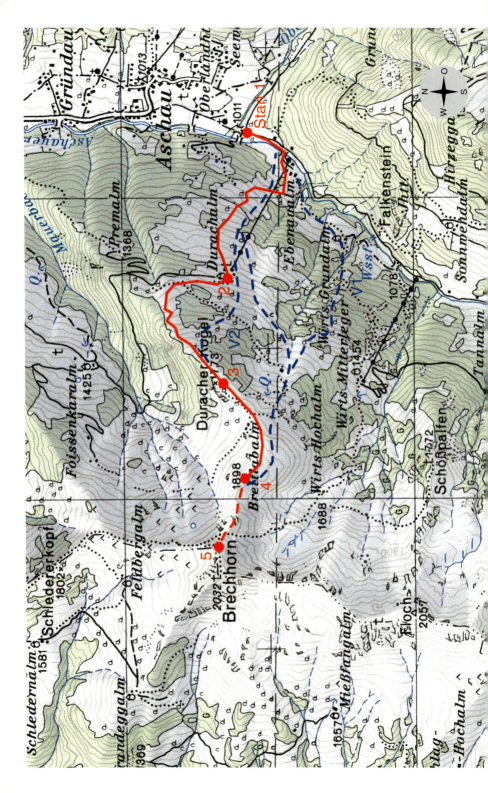

		Hm	Zeit	Sonstiges
Start 1:	Parkplatz Sesselbahn Wagstätt	923	0:00	Parkplatz unterhalb der Straße
Punkt 2:	Künstlweg	958	0:25	
Punkt 3:	Linkskehre (Forststraße)	1041	0:15	
Punkt 4:	Querung bei Ahornbäumen	1176	0:20	
Punkt 5:	Einzelne Hütte unterhalb freier Wiesen	1260	0:20	ab hier freier Blick zum Gipfel
Punkt 6:	Einzelne Hütte oberhalb freier Wiesen	1400	0:20	
Punkt 7:	Schütz-Alm	1683	0:50	
Punkt 8:	Gipfel	2067	1:00	

Am südlichen Ende des Parkplatzes führt ein Weg über eine kleine Brücke in den Graben der Jochberger Ache hinunter (ca. 20 Hm). Nach der nächsten Brücke rechts bis hinter das Wohnhaus und links auf die Wiesen steigen. Nach links queren, an einem einzelnen Stadel vorbei, über einen Bach, auf einige Häuser zu. Rechts oberhalb liegt ein markantes Gehöft.

Bei den Häusern zieht von links eine kleine Straße herauf, geradeaus zweigt der Künstlweg ab **(P 2)**. Gleich nach dem ersten Haus (Nr. 393) rechts auf die Wiese und schräg hinauf auf eine Waldbucht zu. Es wird für einige Meter steil und unwegsam. Ihr trefft gleich wieder auf eine kleine Straße, der ihr einige Meter nach rechts folgt. In der Linkskehre **(P 3)** führt ein Weg steil geradeaus zur nächsten Lichtung. Weiter aufwärts, an einzelnen Häusern vorbei.

Am nächsten Waldrand den Weg nach links. Bald seht ihr rechts oben zwei knorrige Ahornbäume **(P 4)**. An diesen vorbei weiter schräg nach links bergan, bis ihr wieder auf einen Weg trefft. Oberhalb liegt eine markante Schneise mit großen Baumstümpfen. Folgt dem Weg für einige Meter nach links. Sobald das Gelände frei wird, rechts hoch zu einem einzelnen Gebäude **(P 5)**. Von hier könnt ihr den weiteren Weg bis zum Gipfel sehen. Folgt den Wiesen. Ihr passiert bald wieder eine einzelne Hütte. Oberhalb führt ein Weg nach rechts über einen Bachgraben **(P 6)**. Ab hier steilen die Hänge in Richtung Gipfel merklich auf! Quert am besten nach rechts, bis unterhalb einer Waldzunge. Dann im Linksbogen um die Waldzunge herum. Weiter steil im lichten Wald. Unterhalb des Gipfels flacht das Gelände nochmals kurz ab. Hier liegt die Schütz-Alm **(P 7)**. Haltet euch zunächst weiter links im lichten Wald auf einen Einschnitt im Gipfelgrat zu. Ab hier wieder steil auf dem verwechteten Grat zum Gipfel **(P 8)**.

Abfahrt: Die Abfahrt folgt in etwa dem Aufstiegsweg. Wenn es die Lawinenlage erlaubt, direkt vom Gipfel hinunter zur Schütz-Alm. Im unteren Bereich könnt ihr euch entscheiden: Weiter entlang der Aufstiegsspur, oder ab den Ahornbäumen **(P 4)** eher rechts, unterhalb einer alten Materialseilbahn. Teils etwas unwegsam. Im Talgrund über einen Bach und zu den Gebäuden links hinüberqueren (Pension Künstler). Jetzt einige Meter zu Fuß dem Künstlweg bis zu eurer Aufstiegsspur zurück folgen.

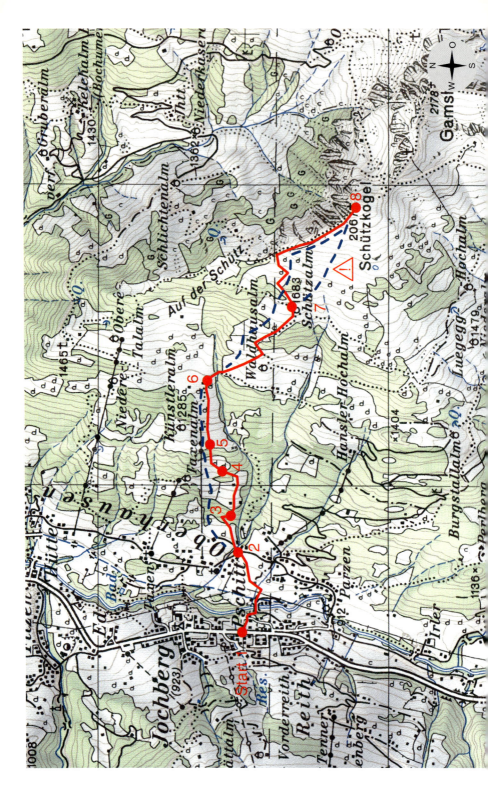

		Hm	Zeit	Sonstiges
Start 1:	Parkplatz Gasthaus „Alte Wacht"	967	0:00	Parknische rechts neben der Straße
Punkt 2:	Roter Markierungspfahl	1260	1:00	
Punkt 3:	Schulter, Beginn lichter Wald	1620	0:45	
Punkt 4:	Vorgipfel	2002	1:15	

Bereits vom Parkplatz aus könnt ihr fast die komplette Tour einsehen. Die breiten Hänge im unteren Bereich liegen direkt vor euch. Das Ziel, der Vorgipfel des Kuhkasers, befindet sich rechts oberhalb davon.

Folgt zunächst der schmalen Straße unmittelbar vor dem Gasthof nach rechts in den Talgrund (ca. 25 Hm). Nun den breiten Hang links am Hochspannungsmast vorbei nach oben. Ihr passiert im Rechtsbogen einen Heustadel und trefft bald auf einen Weg, dem ihr im großen Linksbogen (Kehre) folgt. Bevor jedoch der Weg in den Wald führt, kürzt ihr rechts durch einzelne Bäume nach oben ab. Auf freier Fläche passiert ihr einen roten Markierungspfahl **(P 2)**.

Ab nun gilt es den immer mehr aufsteilenden Hang unter optimaler Geländeausnutzung zu erklimmen. Am oberen Ende des langen Hangs haltet ihr euch leicht rechts und erreicht bald eine Schulter mit einer großen Lichtung **(P 3)**.

Weiter in Richtung Süd auf einem schwach ausgeprägten Rücken, bald direkt auf den kahlen Vorgipfel zu. Unterhalb des steilen, schattigen Gipfelhangs befindet sich eine leichte Mulde. Anstatt gerade hinauf, umgeht ihr den Gipfelhang am besten etwas flacher in einem Rechtsbogen. Ihr erreicht dann den Vorgipfel von hinten **(P 4)**

Der Hauptgipfel mit seinem Kreuz liegt einige Hundert Meter weiter. Die Abfahrt von dort lohnt wegen der zahlreichen dazwischen liegenden Kuppen und Mulden nicht.

Tipp: Sind die Sichtverhältnisse nicht optimal, kann man auch nur bis zur Schulter gehen **(P 3)**. Die Hänge der unteren Hälfte lohnen sich dann sogar für mehrere Aufstiege.

Abfahrt: Die Abfahrt folgt in etwa dem Aufstiegsweg. Auf den sehr breiten Hängen, speziell im unteren Bereich, kommt man sich sicher nicht in die Quere. Im lichten Wald oberhalb **P 3** findet man reizvolle, steilere Abschnitte. Dort ist ebenfalls der optimale Platz für Sprungsessions.

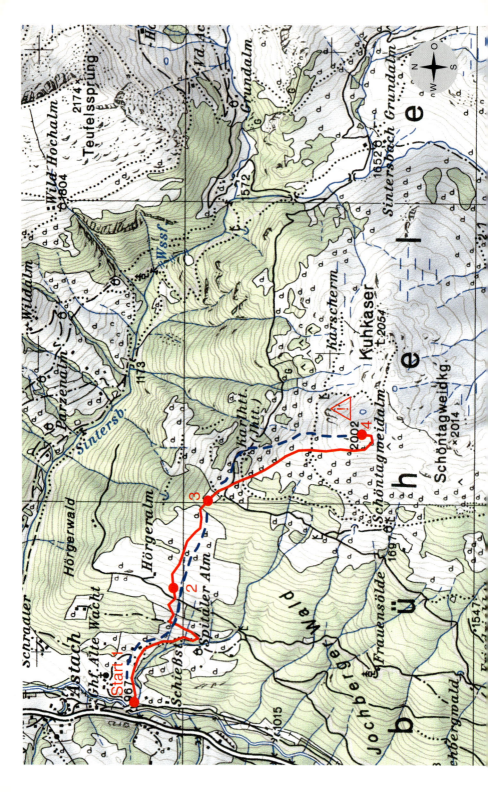

		Hm	Zeit	Sonstiges
Parkplatz am Sessellift Hochalm		1100	0:00	
Start 1:	Bergstation Sessellift Spieleck	1946	0:00	Auffahrt ca. 20 Mark
Punkt 2:	Gipfel Spieleck	1998	0:35	Querung auf Grat
Punkt 3:	Henlab-Graben	ca. 1400	0:00	Abfahrt
Punkt 4:	Henlab-Joch	1860	1:25	
Punkt 5:	Gipfel Sonnspitze	2062	0:30	
Punkt 6:	Loipe im Talgrund der Saalach	ca. 1200	0:00	Abfahrt

Die Tour beginnt mit zwei Auffahrten per Sessellift: 1. Sesselbahn Hochalm 2. Sesselbahn Spieleck **(Start 1)**.

An der Bergstation dem Grat nach links zum nahen Gipfel des Spielecks folgen **(P 2)**. Achtet auf Wechten! Auf dem Gipfel könnt ihr die weitere Route einsehen. Die Sonnspitze liegt auf der gegenüberliegenden Seite des Henlab Grabens in west/nordwestlicher Richtung (M 288).

Vorsicht bei der Abfahrt in den Graben. Die Route direkt vom Gipfel ist nur bei absolut sicheren Verhältnissen möglich! Haltet euch besser zunächst auf dem Rücken in Richtung Süd und schwenkt bei den ersten Bäumen nach rechts hinunter in den Grund **(P 3)**.

Je nachdem wo ihr den Graben erreicht gilt es nun, eine geeignete Aufstiegsroute am Gegenhang zu finden. Steiler Ausstieg unten (teilweise 35 Grad!). Am besten zunächst in Richtung Südwest, dann in einer Rechtskehre wieder in Richtung Sonnspitze.

Auf etwa 1600 Hm wird es unterhalb der Ostflanke des Staffkogels flacher. Jetzt nach Norden, auf die breite Einsattelung des Henlab Jochs zu **(P 4)**. Die letzten 200 Höhenmeter zum Gipfel sind steil. Nur bei sicheren Verhältnissen ratsam **(P 5)**!

Abfahrt: Zunächst zum Henlab-Joch. Dann immer oberhalb des Grabens in Richtung Süd. Haltet euch möglichst hoch auf der Schwelle am Fuß des Staffkogels. Erst nach Passieren der Ostwände steiler nach links hinunter schwenken. Kurz vor dem Glemmer-Tal den schmalen Waldgürtel durchqueren (markanter, knorriger Laubbaum). Unten ist bereits eine Loipe zu sehen **(P 6)**. Abschließend auf der Loipe (oder der parallelen Straße) etwa 2 Kilometer talauswärts bis Lengau. Von hier mit dem Skibus zurück zum Parkplatz (verkehrt von 8 bis 17 Uhr im 20-Minuten-Takt).

Varianten: V 1. Verkürzte Tour bis zum Spieleckkogel. Abfahrt auf der dem Skigebiet zugewandten Seite über die Spieleck-Alm ins Tal (Wald). Orientierung erschwert.

V 2. Abfahrt vom Spieleckkogel Richtung Süd. Nicht in den Henlab-Graben, sondern weiter im Wald talauswärts halten (steil). Im unteren Teil dann Ausfahrt über einen Forstweg nach Lengau. Mit dem Skibus zurück.

V 3. Kurzer Anstieg vom Henlab-Joch **(P 4)** in Richtung Staffkogel, dann direkter in die Abfahrt Richtung Eibing-Hochalm einschwenken.

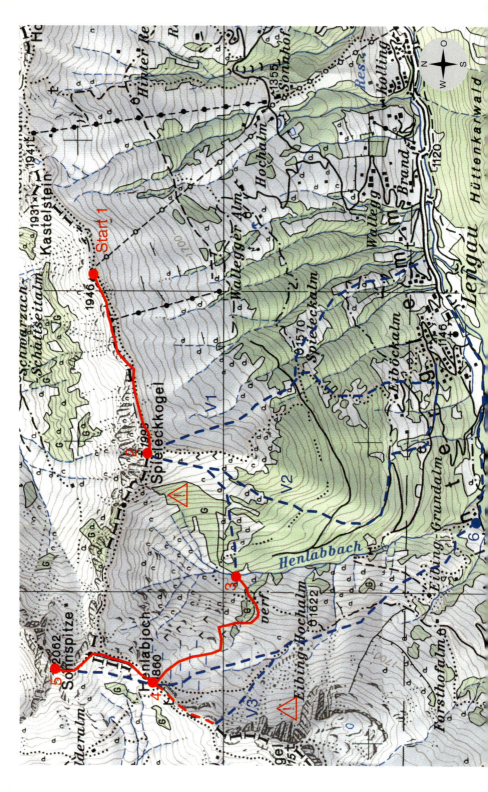

		Hm	Zeit	Sonstiges
Start 1:	Parkplatz am Straßenende in Lengau	1146	0:00	wenn geräumt, ca. 1 km weiter
Punkt 2:	Lindling-Alm	1297	0:40	
Punkt 3:	Ossman-Alm	1464	0:30	
Punkt 4:	Baumgrenze/unterhalb Kuppe	1750	1:00	
Punkt 5:	Gipfel Staffkogel	2115	1:20	

Folgt der für Pferdeschlitten geräumten Straße weiter in Richtung Talschluss. Alternativ können Split-Board Fahrer auf der breiten, parallel verlaufenden Loipe gehen.

Ignoriert alle Schilder, die nach rechts zum Staffkogel weisen! Am Loipen- bzw. Straßenende erreicht ihr die Lindling-Alm **(P 2)**, eine beliebte Gastwirtschaft. Steigt nun auf Höhe der Gebäude rechts zum Waldrand auf. Dort verläuft ein Weg, dem ihr nach links bis zur Ossman-Alm folgt **(P 3)**. Ignoriert wiederum das Schild „Staffkogel" nach rechts.

Unter optimaler Ausnutzung des Geländes gilt es nun, den breiten, recht steilen Hang hinter der Alm hinauf zu steigen (Richtung Nord). Am besten umrundet ihr zunächst im Rechtsbogen eine Waldzunge, dann weiter im großen Linksbogen auf den lichten Wald zu. Bald lässt die Steigung etwas nach, und ihr erreicht etwa auf Höhe der Baumgrenze (ca. 1750 Hm) ein kurzes Flachstück. Vor euch liegt eine runde, felsige Kuppe **(P 4)**. Umrundet die Kuppe nach links und geht dann in angenehmer Steigung weiter in Richtung Nord.

Der Staffkogel befindet sich bald vor euch. Je nach Schneelage und Verhältnissen erfolgt der Anstieg über die euch zugewandte Schulter oder von rechts. Die letzten Meter zum Gipfel sind steil und nur bei sicheren Verhältnissen ratsam **(P 5)**!

Abfahrt: Die Abfahrt folgt in etwa dem Aufstiegsweg. Besonders im Gipfelbereich bieten sich einige anspruchsvolle Lines in einen kleinen Kessel (See) an. Wenige Anstiegsmeter danach, um die Abfahrt fortzusetzen.

Varianten: V 1. Wenn ihr vom Gipfel in die Mulde abfahrt, könnt ihr diese auch links von der beschriebenen Kuppe verlassen und dann steil über die Forsthof Alm in den Henlab Graben weiterfahren. Ihr mündet dann an der Loipe zwischen Lengau und der Lindling-Alm ein (▶wie bei Tour 20/Sonnspitze).

V 2. Unterhalb der Kuppe **(P 4)** direkter in Richtung Lindling Alm abfahren.

Tipp: Ab 4 Personen könnt ihr euch von der Lindling Alm zurück nach Lengau einen Pferdeschlitten mieten (ca. 70 ÖS/p.P.).

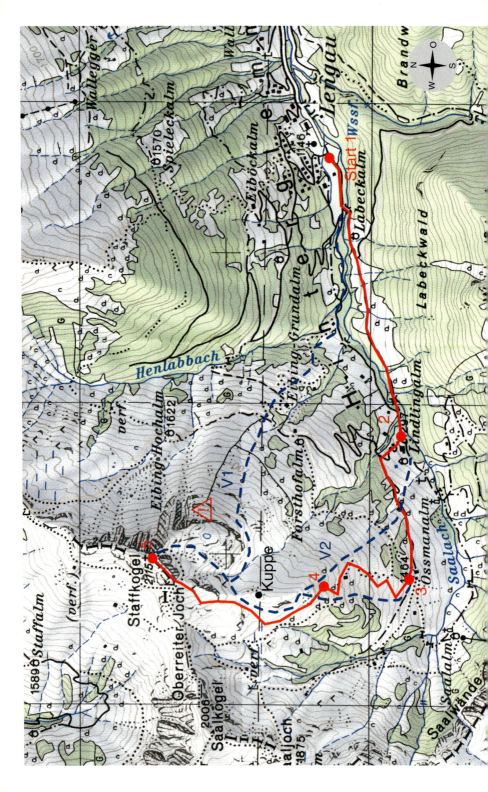

		Hm	Zeit	Sonstiges
Parkplatz	Königsleiten-Bahn	1635	0:00	Auffahrt mit Liften
Start 1:	Königsleitenspitze	2315	0:00	
Punkt 2:	Müllachgeier	2254	0:20	
Punkt 3:	Talgrund Müllach-Bach	1750	0:00	Abfahrt
Punkt 2:	Müllachgeier	2254	1:30	

Der Backcountry-Abstecher beginnt mit zwei aufeinanderfolgenden Liftfahrten auf die Königsleitenspitze **(Start 1)**. Lifte Larmachkopf und Larmach. Von hier kurz in Richtung Bergstation des Sesselliftes Königsleiten 2000 abfahren.

Haltet euch links zum meist abgeblasenen Grat, der zum Gipfel des Müllachgeiers führt. Ab hier zu Fuß am Zaun entlang zur Gipfelkuppe **(P 2)**.

Abfahrt: In Richtung Nordwest, links eines markanten Geländeeinschnittes halten. Wenn der lichte Wald beginnt, müsst ihr einen geeigneten Durchschlupf zum letzten, steilen Hang in Richtung des Bachs hinunter finden. Eine nach links führende Wanne weist den besten Weg. Hier gibt es auch einige interessante Geländewellen, die zu einer Freestyle-Session einladen. Am Ufer des Müllach-Bachs rüsten wir uns wieder zum Aufstieg **(P 3)**. Wir folgen im großen und ganzen der Abfahrtsroute zurück zum Gipfel des Müllachgeiers **(P 2)**. Von hier wieder zurück ins Pistengebiet.

Varianten: V 1. Vom Müllachgeier könnt ihr auch auf dem Grat weiter zum Brucheck fahren/gehen. Von hier führen zahlreiche Lines ebenfalls hinunter nach Norden (jedoch rechts des markanten Geländeeinschnittes). Im unteren Teil müsst ihr euch allerdings den Weg durch lichten Wald suchen. Eventuell von hier bereits wieder aufsteigen.

V 2. Vom Gipfel der Königsleitenspitze aus in nordwestlicher Richtung gelegen, seht ihr einen weiteren interessanten Gipfel: Der 2420 Meter hohe Falschriedel. Man erreicht ihn relativ leicht über den Rücken, der vom Konigsleiten hinüberzieht (etwa 40 Minuten). Die steile Abfahrt in den weiten Talkessel zum Lift hinunter erfordert sichere Verhältnisse.

Lawinensicherer ist die Route direkt auf dem vom Gipfel nach südwest weisenden Rücken. Im unteren Teil schwingt man über die Wiesen der Falsch Alm in den Talgrund. Die Rückkehr nach Königsleiten ist über die Lifte von hier aus nur mit Tageskarte möglich. Es werden keine Einzelfahrten verkauft. Altenative: Die Busverbindung von Gerlos nach Königsleiten.

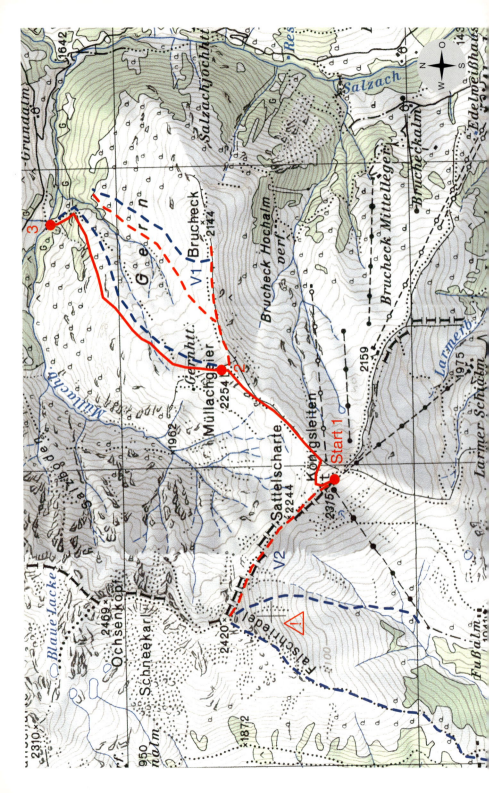

		Hm	Zeit	Sonstiges
Start 1:	Alpengasthof Ronach	1448	0:00	nur wenige Parkmöglichkeiten
Punkt 2:	Wegabzweig links	1560	0:40	
Punkt 3:	Putz-Alm	1740	0:20	Schild „Ronachgeier"
Punkt 4:	Gipfelgrat	2110	1:30	
Punkt 5:	Gipfel	2236	0:15	

Folgt dem Forstweg, der gleich oberhalb des Gasthofs Ronach Richtung Norden ins Tal des Nadernachbachs abzweigt. Nach etwa 30 Minuten wird der Wald lichter, und erste Blicke auf die schönen Hänge links oben werden frei.

Bevor der Weg wieder hinunter zum Bach fällt, nach links durch eine Kehre weiter aufwärts abzweigen **(P 2)**. In der nächsten Kehre rechts bergauf bleiben. Bald tretet ihr aus dem Wald und erreicht das Gebäude der Putz-Alm **(P 3)**.

Entweder ihr folgt nun scharf links dem mäßig steigenden Forstweg (Schild „Ronachgeier") in einer weiten Kehre den steilen Hang hinauf, oder ihr kürzt direkter ab. Wenn ihr die Trasse oben wieder erreicht habt, folgt dem Weg nach rechts, bis der Blick durch das weite Gelände frei nach Westen zur Gipfelreihe wird.

Der meist verwechtete Gipfelgrat zieht sich von links über eine Kuppe hinauf zum Ronachgeier und weiter bis zum etwas höheren Baumgartgeier. Von fast allen Stellen des Grates zwischen den beiden Gipfeln sind Abfahrtsvarianten möglich. Am besten jetzt bereits einprägen. Zum Grat hinauf gelangt ihr je nach Wechtenbildung an einer flachen Stelle links des Ronachgeiers **(P 4)**. Ab jetzt bequem auf dem Rücken nach oben **(P 5)**. Vorsicht auf die Wechten.

Abfahrt: Die Abfahrt erfolgt im Bereich des Aufstiegs.

Varianten: V 1. Ebenfalls nach Osten, aber vom weiterführenden Grat zwischen Ronach- und dem höheren Baumgartgeier. Vorsicht auf Triebschnee unterhalb der Wechte.

V 2. Vom Gipfel des Ronachgeiers direkt nach Süden über steile Hänge hinunter zur Baxrein-Alm. Ab hier auf einem Forstweg nach links, bis ihr wieder auf den Weg zum Gasthof Ronach trefft.

V 3. Die steilste Abfahrt führt vom Baumgartgeier nach Westen hinunter. Man mündet dann bei der Müller-Alm im Tal der Salzach ein. Folgt dem langen Forstweg talaus bis ihr etwa einen Kilometer oberhalb des Gasthofs Ronach wieder auf die Hauptstraße trefft. Weiter zu Fuß bis Ronach.

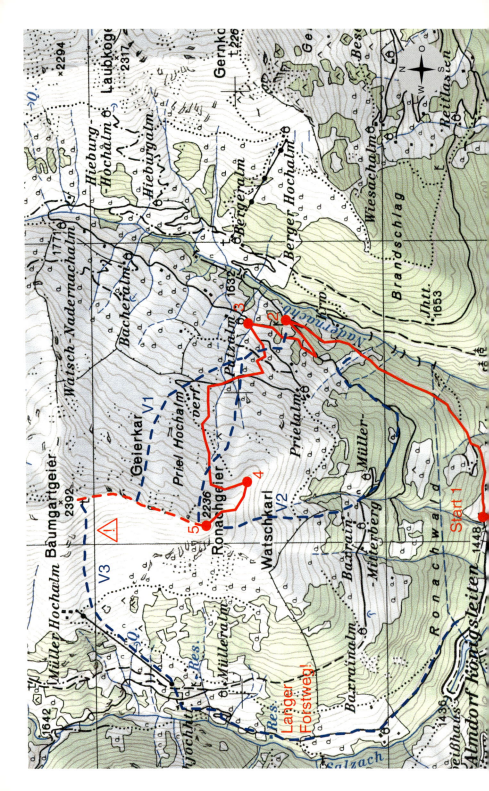

		Hm	Zeit	Sonstiges
Start 1:	Guggerhütte	1400	0:00	wenige Parkmöglichkeiten
Punkt 2:	Höllensteinhütte	1710	1:00	
Punkt 3:	Holzhäuschen am Rötboden	1900	0:30	
Punkt 4:	Am Fuß des Kars	ca. 2100	0:30	
Punkt 5:	Lange-Wand-Kar (Scharte)	2800	2:00	

Folgt dem Fahrweg für kurze Zeit durch einige langgestreckte Serpentinen bergauf. Im Hochwinter wird hier gerodelt. Auf etwa 1650 Hm öffnet sich das Gelände und der Weg zieht gerade hinauf Richtung Südost zur Höllensteinhütte **(P 2)**. Ab hier weiter dem Weg (falls sichtbar) direkt auf den Wechselkopf zu folgen (Süd).

Nach etwa 20 Minuten schwenkt ihr mehr Richtung Osten auf den Rötboden zu. Auf ca. 1900 Hm passiert ihr ein kleines Holzhäusschen **(P 3)**. Zunächst weiter in östlicher Richtung, unter dem Steinmandl vorbei zum Fuß des Lange-Wand-Kars **(P 4)**.

Ab hier unter bestmöglicher Geländeausnutzung steil ins Kar aufsteigen (Richtung Süd/Südost). Im Kar selbst ist die Steigung meist moderat, aber zum Ende hin steilt es mehr und mehr auf. Die letzten 100 Hm bis zur Scharte zwischen Mitterschneidkopf und Hauser Spitze erfordern eine sichere Aufstiegstechnik **(P 5)**. Sehr steil!

Abfahrt: Die Abfahrt folgt dem weiten Bereich des Aufstiegs.

Varianten: V 1. Wenn die Lawinenlage eine Begehung des Kars nicht zulässt, kann man ab dem Rötboden **(P 3)** im großen Bogen Richtung Nordost auf die Flachspitze zuhalten. Zwischen Kreuzjoch und Flachspitze findet ihr sanft geneigte und aufgrund der Süd/Südwestlage schneller sichere Hänge.

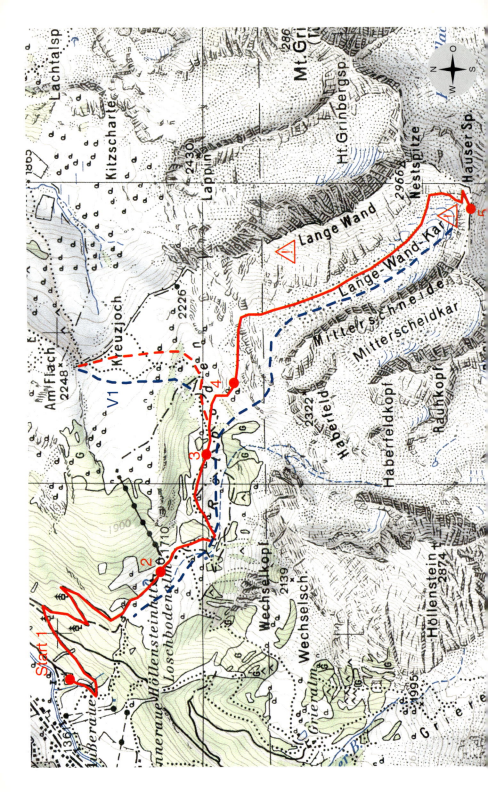

		Hm	Zeit	Sonstiges
Start 1:	Parkplatz Skigebiet Hochfügen	1474	0:00	am hintersten Ende
Punkt 2:	Abzweig hinter Pfunds-Alm Niederl.	1640	0:35	
Punkt 3:	Viertel-Alm Niederleger	1740	0:20	
Punkt 4:	Viertel-Alm Hochleger	2022	0:45	
Punkt 5:	Breiter Sattel rechts vom Gipfel	2413	1:05	empfohlenes Tour-Ende
Punkt 6:	Marchkopf-Gipfel	2499	0:30	lohnt zur Abfahrt kaum

Zunächst dem breiten Weg (Rodelbahn) am Ende des Parkplatzes in mäßiger Steigung folgen. Schild „Rastkogelhütte".

Nach kurzer Zeit durch zwei Serpentinen weiter bergauf. Kurz nach der Waldgrenze passiert ihr die Pfunds-Alm. Etwa 500 Meter nach den Gebäuden dem Weg nach links einige Meter bergab zum Bach folgen **(P 2)**.

Nach der Brücke beginnt der eigentliche Anstieg. Zunächst mäßig steil Richtung Ost zu den sichtbaren Gebäuden der Viertel-Alm Niederleger **(P 3)**. Ab hier steilt das Gelände merklich auf. Unter bestmöglicher Spurwahl steigt ihr weiter Richtung Ost den breiten Hang hinauf. Es gilt, eine Steilstufe zu überwinden, die bei Hartschnee-Bedingungen Probleme bereiten kann. Die steilste Stelle liegt auf Höhe eines markanten Fels-Cliffs. Darüber wird es etwas flacher und ihr nähert euch einer Mulde, in der das kleine Gebäude der Viertel Alm Hochleger liegt **(P 4)**.

Hinter der Alm beginnt der Gipfelaufbau. Direkt vor euch in Richtung Ost liegt der Gipfel der Seewand. Der Marchkopf liegt, noch nicht sichtbar, links davon. In mäßiger Steigung haltet ihr auf den breiten Sattel zwischen den beiden Gipfeln zu. Leicht nach links halten. Erst auf dem geräumigen Plateau des Sattels seht ihr in Richtung Nordost den nahen Felsgipfel des Marchkopfs. Gipfelanstieg nur zu Fuß möglich.

Abfahrt: Sie folgt der Aufstiegsroute. Im breiten Hangbereich gibt es jedoch zahlreiche Linien im abwechslungsreichen Gelände.

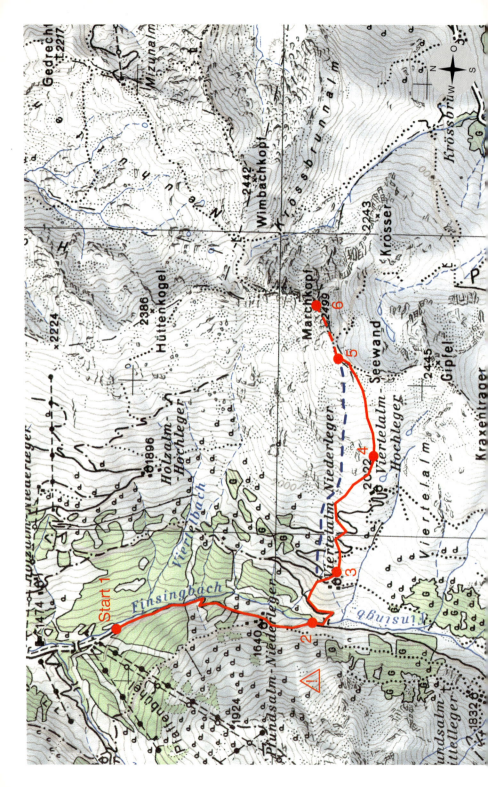

		Hm	Zeit	Sonstiges
Start 1:	Parkplatz Skigebiet Hochfügen	1474	0:00	am hintersten Ende d. großen Parkplatz
Punkt 2:	Abzweig hinter Pfunds-Alm Niederl.	1640	0:35	
Punkt 3:	Viertel-Alm Niederleger	1740	0:20	
Punkt 4:	Vorgipfel	2068	1:05	
Punkt 5:	Sattel zw. Seewand u. Kraxentrager	2380	1:00	Abfahrt von hier empfohlen
Punkt 6:	Kraxentrager Gipfel	2423	0:15	riskante Gratwanderung

Dem breiten Weg (Rodelbahn) am Ende des Parkplatzes in mäßiger Steigung folgen. Schild „Rastkogelhütte". Nach kurzer Zeit durch zwei Serpentinen weiter bergauf. Kurz nach der Waldgrenze passiert ihr die Pfunds-Alm.

Etwa 500 Meter nach den Gebäuden dem Weg nach links einige Meter bergab zum Bach folgen **(P 2)**. Nach der Brücke beginnt der eigentliche Anstieg. Zunächst mäßig steil Richtung Ost zu den sichtbaren Gebäuden der Viertel-Alm Niederleger **(P 3)**. Hier orientiert ihr euch am besten mit dem Kompass.

Euer nächstes Ziel ist der kleine Gipfel in Richtung Südost (M 150) jenseits des markanten Grabens, der zwischen Marchkopf und Kraxentrager hinaufzieht. Zunächst steigt ihr aber noch einige Höhenmeter diesseits des Grabens auf. Dann zu einzelnen Bäumen nach rechts hinüber und dort über den nun flachen Graben in einen Boden queren.

Den Vorgipfel **(P 4)** erreicht ihr am sichersten über den von rechts unten heraufziehenden Rücken. Ab hier auf dem meist verwechteten (!) Grat entlang in Richtung Hauptgipfel. Nun müsst ihr einige kurze Steilstufen unter optimaler Geländeausnutzung bewältigen. Der letzte Hang zieht dann bis kurz unter den Felsaufbau des Gipfels hinauf. Unterhalb quert ihr jedoch nach links in den Sattel zwischen Seewand und Kraxentrager **(P 5)**. Steil! Im Sattel beginnt die Abfahrt. Der Gipfel des Kraxentragers ist nur zu Fuß über einen schmalen Grat erreichbar **(P 6)**. Vorsicht Wechten!

Abfahrt: Bei sicheren Verhältnissen direkt vom Sattel Richtung Nordwest in einen Steilhang. Dann weiter über kupiertes Freeride-Gelände, bis in den Boden unterhalb des Vorgipfels. Jetzt weiter ins Tal entweder über steilere Hänge links des Grabens (kreuzen der Aufstiegsspur), oder flacher entlang der Aufstiegsspur nach rechts zurück über den Graben.

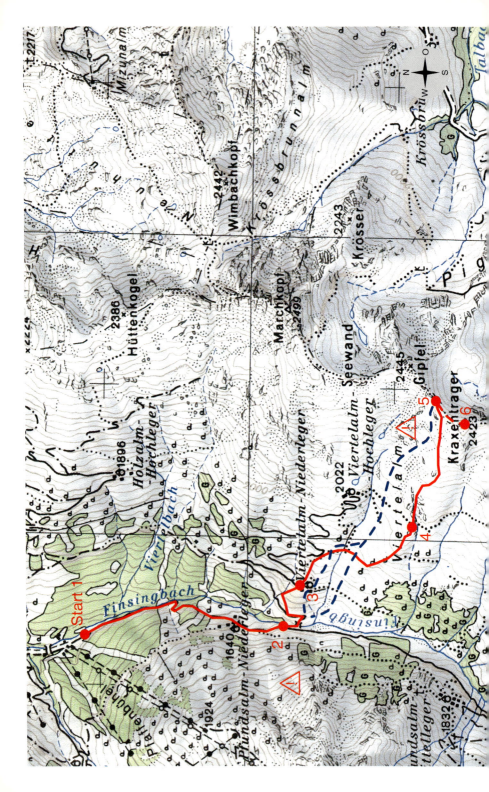

		Hm	Zeit	Sonstiges
Start 1:	Straße zum Skigebiet Hochfügen	1470	0:00	ca. 1 km vor Skigebiet an d. Straße
Punkt 2:	Waldgrenze	ca. 1640	0:30	
Punkt 3:	Mulde unterhalb Gipfelaufbau	ca. 1940	0:45	
Punkt 4:	Gipfel	2244	1:00	

Zunächst unter bestmöglicher Schonung des Bewuchses durch eine der Schneisen nach oben. Teils könnt ihr auch im Wald gehen. Nach einigen Höhenmetern die Loipe queren, die von Hochfügen nach rechts zum Loassattel führt. Bald tretet ihr auf freies Gelände hinaus und könnt eure weitere Route gut überblicken **(P 2)**.

Das Sonntagsköpfl liegt in südwestlicher Richtung. Unterhalb des Gipfels befinden sich einige Lawinenverbauungen. Rechts der Schutzgitter, die den Südosthang nach Hochfügen hinunter sichern, seht ihr bereits eine der möglichen Abfahrtsrouten direkt vom Gipfel. Ihr geht zunächst auf den Gipfel zu, beginnt aber bald einen großen Rechtsbogen, der euch zu einer kleinen Mulde auf etwa 1940 Hm führt.

Am talseitigen Rand der kleinen Senke steht ein einzelner Baum **(P 3)**. Ab hier haltet ihr euch immer auf den sicheren Rücken, die von Norden her auf den Gipfel führen **(P 4)**. Das kupierte Gelände gibt den sichersten Weg vor.

Abfahrt: Die größtenteils nordseitigen Hänge konservieren in zahlreichen, sonnenabgewandten Bereichen den besten Pulverschnee. Die schönste Route führt direkt vom Gipfel über den Hang links der Lawinenschutzgitter (von oben gesehen), und weiter über traumhaft weites Gelände.

Variante: V 1. Lohnendes Gelände findet ihr auch, wenn ihr einige Meter vom Gipfelkreuz auf dem Grat Richtung West quert, und dann nach Norden einschwenkt.

Tipp: Versucht nicht, zur Normalabfahrt zurück zu queren. Ihr verschenkt spaßfreie Höhenmeter. Steigt besser nochmals zum Gipfel auf (ca. 350 Hm/1 Std.).

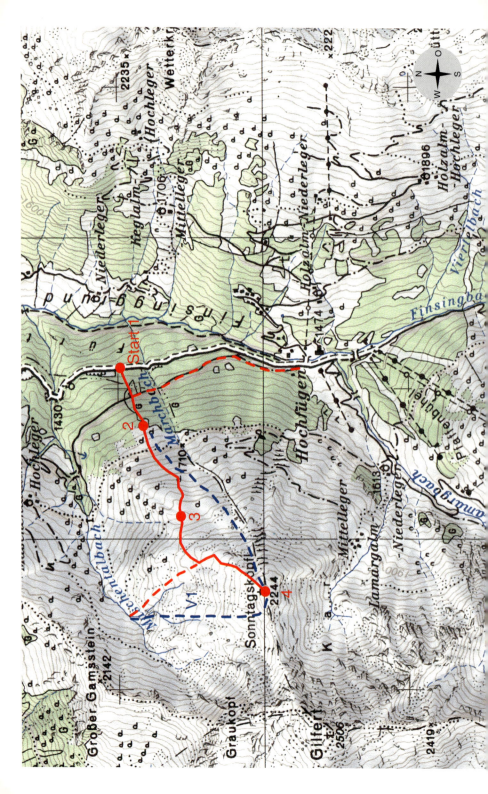

			Hm	Zeit	Sonstiges
Start 1:	Parkplatz Innerst		1283	0:00	Gebühr 4,50 Mark
Punkt 2:	Tordurchlass, 1. Lichtung		1400	0:30	
Punkt 3:	Hütten unterhalb Waldgürtel		1580	0:30	
Punkt 4:	Abzweig zur Nons-Alm		1640	0:15	
Punkt 5:	Waldrand oberhalb Nons-Alm		1745	0:20	
Punkt 6:	Gipfel		2506	1:45	

Am Parkplatz (Betonmauer) beginnt ein Weg, der nach rechts am Hang entlang in den Wald führt. Folgt ihm ein gutes Stück durch eine Links- und eine Rechtskehre. Bei genügend Schnee könnt ihr auch über die baumfreien Hänge direkt nach oben abkürzen. Bald zweigt links ein Weg durch ein Tor ab, der nach einigen Metern auf eine größere Lichtung führt **(P 2)**.

Folgt ihr kurz nach rechts, an einer einzelnen Hütte vorbei, und wieder steil nach oben (Zaundurchlass). Haltet euch nun bis auf eine Höhe von etwa 1580 Hm eher am rechten Waldrand, denn hier ist die Steigung moderater. Oberhalb einiger Hütten am Ende des Hangs trefft ihr wieder auf einen Weg **(P 3)**.

Folgt ihm für etwa 15 Minuten nach links bis zu einer scharfen Rechtskehre. Dort mündet ein von links heraufführender Weg ein **(P 4)**. Jetzt durch die Kehre (Schild „Nons-Alm"). Unmittelbar nach der Kehre dem schmaleren Weg links hinauf folgen. Er führt kurz durch eine Schonung, dann durch dichteren Wald. Nach etwa 20 Minuten tretet ihr endgültig auf baumfreies Gelände hinaus **(P 5)**. Vor euch liegt der mächtige Gipfel mit seinen schier endlosen Freeride-Hängen, die nach rechts unten zur Nons-Alm führen. Haltet

euch ab jetzt ohne an Höhe zu verlieren immer direkt auf den Gipfel zu. Im weiteren Verlauf gilt es, einige Steilstufen geschickt zu meistern. Ihr erreicht den Gipfel am besten, wenn ihr euch immer unterhalb des Kammes haltet **(P 6)**.

Abfahrt: Vom Gipfel zunächst einige Meter der Aufstiegsroute zurück folgen, aber dann nach links über riesige Hänge in idealem Gefälle hinunter zu den Gebäuden der Nons-Alm. Ab der Alm noch ein kurzes Stück flach auf dem weiterführenden Weg entlang. Dann nach links unten zu einer Waldlücke, auf einen tiefer liegenden Weg wechseln. Diesem (leider) recht flach zu Fuß nach rechts folgen. Bald trefft ihr wieder auf die beim Aufstieg passierte Abzweigung **(P 4)**. Folgt der Aufstiegsspur noch ein Stück bis zu den unteren Hängen, dann wieder steiler über die Wiesen direkt nach Innerst hinunter.

Variante: V 1. Wenn die Lawinenlage einen Anstieg bis zum Gipfel zu riskant erscheinen lässt, könnt ihr ab **P 5** einige interessante Tree-Runs zwischen Nonsjöchl und dem Gilfert für euch entdecken. Abfahrt ebenfalls bis zur Nons-Alm hinunter.

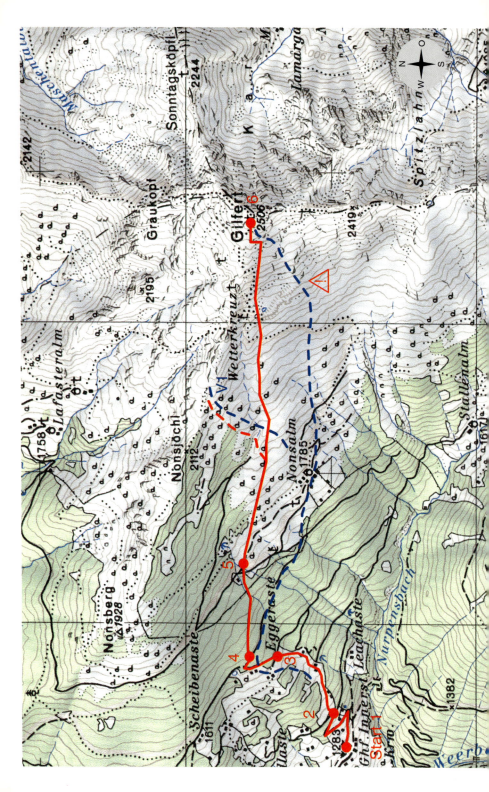

		Hm	Zeit	Sonstiges
Start 1:	Parkplatz Gasthaus Haneburger	1351	0:00	Ketten mitnehmen!
Punkt 2:	Dritte Forstweg-Linkskehre/Hütten	1600	0:45	
Punkt 3:	Lichter Waldgürtel	2050	1:30	
Punkt 4:	Sattel (Gipfelgrat)	2600	1:15	Abfahrt ab hier empfehlenswert
Punkt 5:	Hauptgipfel	2725	0:30	leichte Kletterei

Einige Meter vor dem Gasthaus links dem mäßig ansteigenden Forstweg folgen. Bei der ersten Verzweigung links durch die Kehre. Es folgt eine längere Gerade. Nach einiger Zeit den steileren Weg rechts nehmen. Anschließend durch die Rechts- und Linkskehre. Kurz danach erreicht ihr einige Hütten **(P 2)**.

Ab jetzt liegt freies Gelände vor euch. Folgt dem breiten Hang in östlicher Richtung. Die Steilstufen meistert ihr durch geschickte Spuranlage. Auf halber Höhe der Wiesen passiert ihr rechts die Pofers-Alm. Wenn ihr den letzten schmalen Waldgürtel erreicht habt, haltet euch rechts durch die vereinzelten Bäume **(P 3)**.

Bald ist der Gipfelaufbau und sein mächtiger Hang zu sehen. Links liegt noch eine Hütte (Pofers-Hochleger). Den teilweise über 30 Grad steilen Hang steigt ihr am besten rechts auf einem oft abgeblasenen Rücken hinauf.

Den natürlichen Gegebenheiten folgend erreicht ihr oben in einer leichten Linksschleife den Gipfelgrat **(P 4)**. Wer unbedingt am Kreuz stehen will, folgt dem Grat zum Gipfel. Einige Höhenmeter bis zu den Felsen sind sicher noch mit Schneeschuhen oder Splitboard zu schaffen. Die Abfahrt lohnt sich von hier aber kaum **(P 5)**.

Abfahrt: Die Abfahrt von der Schulter erfolgt im weiten Bereich des Aufstiegs.

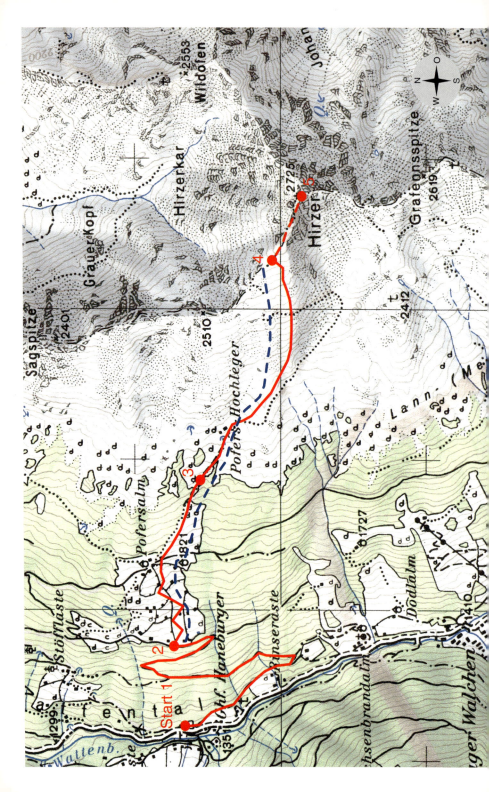

		Hm	Zeit	Sonstiges
Start 1:	Parkplatz Lager Walchen	1410	0:00	Ketten mitnehmen!
Punkt 2:	Melang-(Lann-)Alm	1680	0:45	
Punkt 3:	Außerlann-Niederleger-Alm	1900	0:30	
Punkt 4:	Außerlann-Hochleger-Alm	2067	0:30	
Punkt 5:	Sattel zwischen Grafenn u. Hippold	2490	1:15	
Punkt 6:	Gipfel Grafennspitze	2619	0:30	steiler Schlussanstieg
Punkt 7:	Variante Hippoldspitze	2642	0:30	steiler Schlussanstieg

Nach passieren des Schlagbaums weiter auf der Straße durchs Lager. Vor der Brücke auf den Weg links des Bachs abzweigen. Nach etwa 200 Metern links hinauf zu der freien Wiese und weiter dem Weg talaufwärts folgen (bald wieder im Wald). Die breite Forststraße könnt ihr am Ende gut herunterfahren.

Nach etwa 45 Min. erreicht ihr die Häuser der Melang-(Lann-)Alm **(P 2)**. Wer das Taxi benutzt, steigt am Betonbau (Kraftwerk) aus. Ab hier in einem großen Linksbogen den freien Hang Richtung Nordost hinauf. Links hinter einem tiefen Bachgraben seht ihr bald euer nächstes Ziel, die Außerlann-Niederleger-Alm **(P 3)**.

Den Graben überquert ihr wieder auf einem kurzen Stück Weg. Ab der Alm ist der weitere Weg klar: Die Route führt auf den Grat links des markanten Felsgipfels des Hippolds (Ost M 90). Die etwas zurückversetzte Grafennspitze ist noch nicht sichtbar. Auf dem Anstieg passiert ihr auf 2067 m die Außerlann-Hochleger-Alm **(P 4)**.

Das nun folgende Gelände bietet mit zahlreichen Kuppen und Mulden sehr viel Abwechslung, aber auch kurze, nicht zu unterschätzende Steilstufen. Den Sattel **(P 5)** erreicht ihr nach etwa 3 Stunden ab dem Parkplatz. Die Grafennspitze liegt nun in nördlicher Richtung **(P 6)**. Empfehlenswert ist jedoch die Abfahrt vom Sattel.

Abfahrt: Der breite Hang bietet vom Sattel aus zahlreiche Abfahrtslinien hinunter zu den Almen.

Variante: V 1. Alternativ könnt ihr auch auf den Gipfel des Hippold in Richtung Süd aufsteigen **(P 7)**. Die Abfahrtslinien von dort münden in den selben Hang ein. Bei ausreichend Schnee und sicherer Lawinenlage kann man direkt vom Gipfel durch eine steile Rinne abfahren (!).

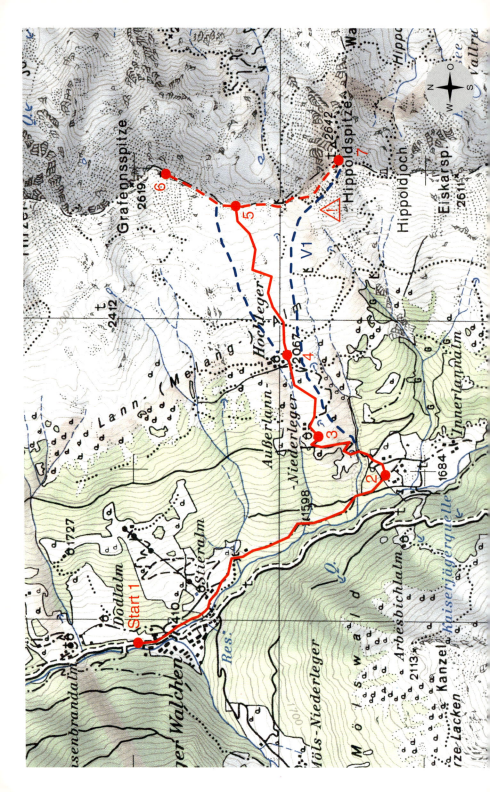

kevin quinn
owner/operator/guide points north heli adventures alaska

ket/EX-21/Blast glove features Outlast® Temperature Regulation Technology

Outlast®

SCOTT USA

WWW.SCOTTUSA.COM

FOR MORE INFORMATION : SCHWEIZ TEL.026 460 16 99 OSTERREICH TEL.0512 343 531 DEUTSCHLAND TEL.08131 31 260

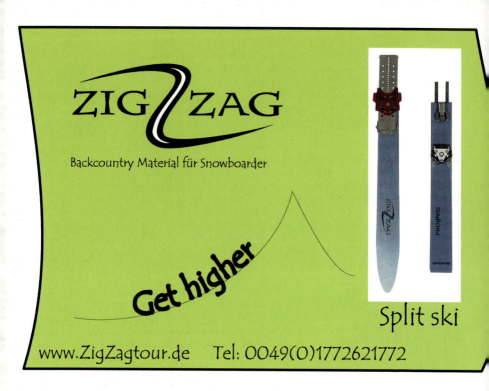

Drucken – und alles davor, und alles danach.

Quality meets performance.

jester BACK COUNTRY BOARDS

walk&ride

boards:
wr 154
wr 160
wr 165
wr 171

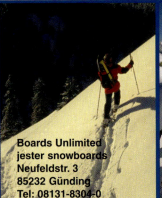

**Boards Unlimited
jester snowboards
Neufeldstr. 3
85232 Günding
Tel: 08131-8304-0
bu@boardsunlimited.com**